À PROVA DE CRISES
CONSTRUINDO RESILIÊNCIA E MATURIDADE NA GESTÃO DA CADEIA DE SUPRIMENTOS

Editora Appris Ltda.
1.ª Edição - Copyright© 2024 do autor
Direitos de Edição Reservados à Editora Appris Ltda.

Nenhuma parte desta obra poderá ser utilizada indevidamente, sem estar de acordo com a Lei n° 9.610/98. Se incorreções forem encontradas, serão de exclusiva responsabilidade de seus organizadores. Foi realizado o Depósito Legal na Fundação Biblioteca Nacional, de acordo com as Leis n°s 10.994, de 14/12/2004, e 12.192, de 14/01/2010.

Catalogação na Fonte
Elaborado por: Dayanne Leal Souza
Bibliotecária CRB 9/2162

R786p 2024	Roque Junior, Luiz Carlos À prova de crises: construindo resiliência e maturidade na gestão da cadeia de suprimentos / Luiz Carlos Roque Junior. – 1. ed. – Curitiba: Appris, 2024. 149 p. : il. color. ; 23 cm. – (Coleção Ciências Sociais – Seção Administração). Inclui referências. Inclui apêndice. ISBN 978-65-250-6421-5 1. Maturidade. 2. Resiliência (Traço da personalidade). 3. Organizações internacionais. 4. Administração. I. Roque Junior, Luiz Carlos. II. Título. III. Série. CDD – 352.8

Livro de acordo com a normalização técnica da ABNT

Appris
editora

Editora e Livraria Appris Ltda.
Av. Manoel Ribas, 2265 – Mercês
Curitiba/PR – CEP: 80810-002
Tel. (41) 3156 - 4731
www.editoraappris.com.br

Printed in Brazil
Impresso no Brasil

Luiz Carlos Roque Junior

À PROVA DE CRISES
CONSTRUINDO RESILIÊNCIA E MATURIDADE NA GESTÃO DA CADEIA DE SUPRIMENTOS

Appris editora

Curitiba, PR
2024

FICHA TÉCNICA

EDITORIAL	Augusto Coelho
	Sara C. de Andrade Coelho

COMITÊ EDITORIAL

- Ana El Achkar (Universo/RJ)
- Andréa Barbosa Gouveia (UFPR)
- Antonio Evangelista de Souza Netto (PUC-SP)
- Belinda Cunha (UFPB)
- Délton Winter de Carvalho (FMP)
- Edson da Silva (UFVJM)
- Eliete Correia dos Santos (UEPB)
- Erineu Foerste (UFES)
- Erineu Foerste (Ufes)
- Fabiano Santos (UERJ-IESP)
- Francinete Fernandes de Sousa (UEPB)
- Francisco Carlos Duarte (PUCPR)
- Francisco de Assis (Fiam-Faam-SP-Brasil)
- Gláucia Figueiredo (UNIPAMPA/ UDELAR)
- Jacques de Lima Ferreira (UNOESC)
- Jean Carlos Gonçalves (UFPR)
- José Wálter Nunes (UnB)
- Junia de Vilhena (PUC-RIO)
- Lucas Mesquita (UNILA)
- Márcia Gonçalves (Unitau)
- Maria Aparecida Barbosa (USP)
- Maria Margarida de Andrade (Umack)
- Marilda A. Behrens (PUCPR)
- Marília Andrade Torales Campos (UFPR)
- Marli Caetano
- Patrícia L. Torres (PUCPR)
- Paula Costa Mosca Macedo (UNIFESP)
- Ramon Blanco (UNILA)
- Roberta Ecleide Kelly (NEPE)
- Roque Ismael da Costa Güllich (UFFS)
- Sergio Gomes (UFRJ)
- Tiago Gagliano Pinto Alberto (PUCPR)
- Toni Reis (UP)
- Valdomiro de Oliveira (UFPR)

SUPERVISOR DA PRODUÇÃO	Renata Cristina Lopes Miccelli
PRODUÇÃO EDITORIAL	Adrielli de Almeida
REVISÃO	Camila Dias Manoel
DIAGRAMAÇÃO	Andrezza Libel
CAPA	Renata Lopes
REVISÃO DE PROVA	Sabrina Costa

COMITÊ CIENTÍFICO DA COLEÇÃO CIÊNCIAS SOCIAIS

DIREÇÃO CIENTÍFICA Fabiano Santos (UERJ-IESP)

CONSULTORES

- Alícia Ferreira Gonçalves (UFPB)
- Artur Perrusi (UFPB)
- Carlos Xavier de Azevedo Netto (UFPB)
- Charles Pessanha (UFRJ)
- Flávio Munhoz Sofiati (UFG)
- Elisandro Pires Frigo (UFPR-Palotina)
- Gabriel Augusto Miranda Setti (UnB)
- Helcimara de Souza Telles (UFMG)
- Iraneide Soares da Silva (UFC-UFPI)
- João Feres Junior (Uerj)
- Jordão Horta Nunes (UFG)
- José Henrique Artigas de Godoy (UFPB)
- Josilene Pinheiro Mariz (UFCG)
- Leticia Andrade (UEMS)
- Luiz Gonzaga Teixeira (USP)
- Marcelo Almeida Peloggio (UFC)
- Maurício Novaes Souza (IF Sudeste-MG)
- Michelle Sato Frigo (UFPR-Palotina)
- Revalino Freitas (UFG)
- Simone Wolff (UEL)

*Dedico este trabalho a você, meu filho, Miguel Lebron.
Você é minha maior obra, amor da minha vida.*

AGRADECIMENTOS

Neste momento de gratidão, quero expressar meus sinceros agradecimentos a todas as pessoas que fizeram parte fundamental desta jornada:

Minha profunda gratidão a Deus, fonte de amor e inspiração, por me guiar e fortalecer em cada passo.

À minha amada família, em especial aos meus avós Antônio e Maria, cujo carinho e cuja dedicação moldaram quem sou hoje. À minha mãe, Sirlene, pelo amor incondicional e apoio incansável.

Ao meu querido filho, Miguel, que é a luz que ilumina o meu caminho e a razão pela qual sempre busco superar-me.

Ao professor e orientador Dr. Guilherme Francisco Frederico, que não apenas me orientou academicamente, mas também se tornou meu mentor e exemplo de excelência. Agradeço sua paciência e sabedoria compartilhada.

Aos professores e mestres que foram referência e modelo de inspiração.

Ao Maykon Luiz Nascimento Costa, que, ao longo de uma década de colaboração, não apenas me ofereceu oportunidades e apoio, mas confiou em minhas capacidades.

Aos colegas de suprimentos e logística, pelas interações, pelas visitas, pelo compartilhamento de inúmeras histórias e experiências ao longo de quase 20 anos nesse setor.

À Ingrid Requi Jakubiak, pelo trabalho de revisão e análise crítica desta obra, sua colaboração foi fundamental.

E, por último, mas não menos importante, aos meus alunos e aos colegas professores, que me inspiram a continuar buscando aprender e compartilhar experiências.

Este é um tributo de gratidão a cada indivíduo que, de diversas maneiras, contribuiu para o meu crescimento e personalidade.

Com humildade e espiritualidade, avançamos juntos para um futuro repleto de possibilidades.

Com gratidão,

Roque

Ancora imparo.
[Eu ainda estou aprendendo.]

(Michelangelo Buonarroti, 1475-1564)

PREFÁCIO 1

Nos anos de 2020, 2021 e 2022, a sociedade enfrentou uma pandemia contra o vírus que está mudando hábitos e costumes. Com a covid-19, gerada pelo vírus SARS-CoV-2, altamente contagioso, foram adotadas diversas medidas. As medidas mais eficazes foram preventivas e estavam em conformidade com protocolos que garantiam e demonstravam controles para proteção das organizações — mostrando aos trabalhadores e clientes a máxima responsabilidade e controle sobre a propagação do vírus.

A pandemia da covid-19 transformou radical e inesperadamente o cenário econômico global.

Governos e empresas de todos os países afetados adotaram medidas para impedir, por um lado, a rápida disseminação do vírus entre a população e, por outro, aliviar as consequências econômicas e comerciais da crise, que alterou o funcionamento diário da população e das empresas. A grande maioria das organizações teve que fechar temporariamente suas instalações, implementar o teletrabalho, em muitas delas, ou adaptar-se aos novos requisitos em termos de prevenção da propagação do vírus SARS-CoV-2.

Porém, algumas organizações não puderam fechar, e tiveram, sim, que adaptar-se e prestar serviço à comunidade. Um novo requisito foi estabelecido em nossa sociedade: a necessidade de que as instalações das organizações, independentemente de sua atividade ou setor, garantam o acompanhamento dos protocolos de desinfecção e limpeza e a implementação de medidas de segurança relacionadas a pessoas, processos, instalações e produtos que impeçam e limitem a propagação do coronavírus.

Nesse sentido, o trabalho do Luiz Carlos Roque Junior, que trabalhou incansavelmente no Instituto de Biologia Molecular do Paraná (IBMP), traz uma análise impecável de como a resiliência é apresentada como uma vantagem do modelo de maturidade em cadeias de suprimentos. Mostra ainda que a baixa maturidade das organizações é uma vulnerabilidade que precisa ser resolvida pelas empresas, pois os modelos de maturidade e complexidade relacionados em cadeias de suprimentos contribuíram nesta visão e acrescentaram fatores-chave: a complexidade interna (de interface) e a externa. O trabalho mostra que a cadeia de suprimentos é um organismo vivo, influenciável pelo meio e que precisa se adaptar de forma constante e ágil para evitar rupturas, principalmente no cenário em que foi estudada — a pandemia.

As organizações em geral enfrentam riscos legais cada vez mais desafiadores, até mesmo pelo fato de que os requisitos regulatórios estão se tornando mais rigorosos. Isso resulta em um ambiente operacional complexo, que expõe as organizações a uma variedade maior de riscos legais do que aqueles que surgiriam das operações diárias habituais e dos processos de tomada de decisão. Há ainda os stakeholders externos a serem considerados, principalmente os clientes, os usuários dos produtos e serviços.

Levando em conta a experiência profissional do autor, que viveu rupturas reais na cadeia de suprimentos durante a pandemia, somando-se com seu estudo acadêmico, o trabalho do Luiz Carlos Roque Junior é pioneiro na criação de um modelo abrangendo resiliência e maturidade. Modelo esse que é relevante para empresas, governos e academia. Sua aplicação demonstra que empresas com visão de médio e longo prazo e que fazem investimentos constantes conseguem uma maturidade maior, consequentemente são mais resilientes e estão preparadas para eventos que poderiam comprometer a cadeia de suprimentos.

Gianfranco Muncinelli
Pós-doutor em Engenharia de Produção pela Universidade Tecnológica Federal do Paraná. Doutor em Engenharia de Produção pela Pontifícia Universidade Católica do Paraná. Diretor do escritório brasileiro da International Dynamic Advisors (INTEDYA). Professor em cursos de MBA em programas como FGV Management.
LinkedIn: gianfrancomuncinelli.

PREFÁCIO 2

Sempre uma honra e um prazer prefaciar uma obra, sobretudo quando se conhece o autor por circunstâncias únicas. O Luiz Carlos (Roque, para os amigos) foi meu aluno em um curso de especialização, e desde então tive a certeza de que ele iria longe na área acadêmica, sobretudo na Logística Empresarial, pois ele é um apaixonado pela Logística, em suas múltiplas facetas.

O Roque virou professor na área de Logística, concluiu seu mestrado em Administração com dissertação sobre a maturidade e resiliência das cadeias de suprimentos, que agora se transforma no livro que você, leitor, tem em mãos. Ele focou sua carreira profissional em Logística, sendo especialista em suprimentos, bem como em comércio exterior, pois as cadeias de suprimentos são cada vez mais internacionalizadas. Tenho certeza de que ele ainda vai muito longe em sua carreira acadêmica e de escritor, pois, quando se é apaixonado pelo que se ensina, a transferência de conhecimento é sempre muito mais fácil.

Mas falemos da obra *Construindo resiliência e maturidade na gestão da cadeia de suprimentos*, que é o que nos motiva a apresentar o autor e sua produção. Escrever uma dissertação de mestrado é um trabalho que exige muita pesquisa e, principalmente, disciplina, pois o prazo é curto e muitas atividades precisam ser desenvolvidas nesse período. Transformar essa dissertação em um livro é tarefa mais árdua, pois o formato é completamente diferente, exigindo outra linguagem e aprofundamento do conteúdo a ser apresentado. O Roque conseguiu isso com maestria.

Ele demonstra como, com o fenômeno da globalização, algumas cadeias de suprimentos deixaram de focar os fornecedores e os clientes locais, por meio da busca de suprimentos globais, objetivando maior eficiência e assegurando a continuidade das operações, o famoso fenômeno do "glocal" (visão global com ação local). O Roque demonstra como o mundo parou para o enfrentamento da covid-19, iniciando uma nova era para as cadeias de suprimento, enfatizando que não somente a eficiência e a gestão de custos são relevantes, mas exige-se uma nova capacidade de resiliência e maturidade diante da complexidade que foi a pandemia ao longo de 2020. Ele consegue demonstrar como a maturidade e a resiliência da cadeia de suprimentos, em razão da pandemia provocada pela covid-19, levaram a novos mecanismos para o gerenciamento das cadeias de suprimentos, como as torres de controle logístico. Seu trabalho apresenta um modelo de maturidade e resiliência com dimensões e fases, que permite identificar as características organizacionais que foram essenciais para a resiliência durante a pandemia, que tornou o ambiente extremamente complexo.

O livro *Construindo resiliência e maturidade na gestão da cadeia de suprimentos* apresenta uma visão abrangente dessas cadeias, demonstrando sua importância para os sistemas logísticos, destacando o papel da tecnologia nessas cadeias de suprimentos e apresentando diferentes modelos para as cadeias de suprimentos, incluindo o gerenciamento das cadeias e seus desafios, com os aspectos da sustentabilidade nesse processo. O autor ainda discorre sobre o impacto da covid-19 no gerenciamento das cadeias de suprimentos (o que assume relevância diante da probabilidade de que novas pandemias surjam novamente no horizonte organizacional).

Após essa parte introdutória, em que se estabelecem as bases para a continuidade da obra, o Roque apresenta um conceito atual e extremamente relevante para o gerenciamento das cadeias de suprimentos. Atuando há muito tempo na Gestão da Informação, sempre enfatizei a importância da informação para proporcionar flexibilidade aos sistemas logísticos.

Edelvino Razzolini Filho
Professor, escritor, palestrante e coordenador educacional. Doutor em Engenharia de Produção pela Universidade Federal de Santa Catarina. Professor no PPGGI-UFPR. Professor em cursos de MBA.
LinkedIn: edelvinorazzolini0303

APRESENTAÇÃO

O mundo atual é complexo, mas também já o foi no passado e será no futuro. As cadeias de suprimentos, ao menos enquanto redes de aquisição e administração de recursos, existem desde tempos imemoriais. Seria equivocado pensar que elas surgiram apenas após a Revolução Industrial ou a invenção da linha de produção de Henry Ford, pois a história está repleta de evidências dos desafios no manejo de recursos que enfrentamos ao longo do tempo, desafios que exigiram resiliência, criatividade, inovação e tecnologia.

A logística, tal como a conhecemos hoje, é o resultado de milhares de anos de evolução, com contribuições de inúmeras civilizações ao longo dos séculos. Portanto, buscar um lugar ao sol na atualidade e estabelecer uma empresa com vantagens competitivas é apenas mais um capítulo na jornada contínua da existência.

A trajetória que este livro narra começa muito antes do momento em que tive a oportunidade de escrevê-lo. Ela começa com meu avô, que viveu uma vida repleta de altos e baixos, em suas infinitas histórias compartilhadas em rodas de almoço, churrascos ou em noites chuvosas em família. Quando crianças e jovens, não compreendíamos completamente as lições que ele transmitia. No entanto, com o passar dos anos e das mudanças em nossa própria vida, começamos a perceber que o que estamos enfrentando não é tão diferente do que ele experimentou.

Nas histórias do meu avô, ele compartilhou sua jornada de vida, incluindo a migração do Nordeste para São Paulo e, posteriormente, para o interior do Paraná. Ele não apenas contou sobre suas atividades, tais qual a venda de produtos como pacotes de açúcar, peixes, roupas e diversos itens, para sustentar sua família, mas também realizou fretes, como eram chamados no passado, e transportou pessoas de regiões mais distantes para as grandes cidades do interior. Tudo isso ocorreu nas décadas de 1970 e 1980.

Esses desafios diários o ajudaram a construir sua resiliência, e ele transmitiu essa qualidade à sua família. Hoje, percebemos que sua geração não parou de enfrentar desafios, mas faz isto de maneira diferente. Agora, por meio do ensino, entendo que o processo de maturidade não se baseia no tempo, mas sim na vivência e nas experiências diversificadas e intensas.

Recordo-me das horas em que conversava com meu avô sobre os desafios cotidianos e de sua paciência em ouvir minhas preocupações. Após momentos de reflexão, ele sempre ofereceu conselhos valiosos, enriquecidos por suas experiências como caminhoneiro e apaixonado pela vida explorando o interior do Paraná. Quando comecei a buscar maneiras de aprimorar meu trabalho, busquei o caminho da educação. E uma pergunta persistiu por muito tempo ficou em meus pensamentos: como alcançar a excelência na área que escolhi, a logística? Como poderia tornar melhor a logística da empresa em que trabalhava? Como poderia me diferenciar nesse campo?

Essas dúvidas me levaram por caminhos desconhecidos. Durante meu MBA em Gerenciamento de Sistemas Logísticos na Universidade Federal do Paraná (UFPR), tive a oportunidade de conhecer o trabalho do renomado professor Dr. Guilherme Frederico sobre maturidade em cadeias de suprimentos. O professor Guilherme tornou-se minha referência acadêmica e meu mentor, e nossa colaboração enriqueceu minha jornada com diversos projetos em conjunto. Esse trabalho lançou luz sobre minhas dúvidas, mas a implementação continuou sendo um desafio. Foi nesse momento que iniciamos nosso primeiro projeto, intitulado "**Maturidade da gestão da cadeia de suprimentos: um estudo de caso em uma organização de biotecnologia em saúde**". Ao fim desse projeto, algumas perguntas foram respondidas, mas outras surgiram. Como resultado, embarcamos em nosso segundo trabalho, intitulado "**Análise do impacto da covid-19 na maturidade e resiliência da cadeia de suprimentos no setor de biotecnologia**", cujos achados vocês lerão nas próximas páginas.

Além desses estudos, escrevemos artigos, livros, dissertações, ministramos palestras e oferecemos treinamentos. Foram necessários dez anos de dedicação para chegar a esse ponto. Este livro é uma oportunidade de compartilhar essa jornada com você, seja você um estudante, seja um colega de profissão ou um profissional curioso sobre o tema, e compartilhar algumas respostas para as perguntas que nos levam a uma busca constante pelo desconhecido.

Luiz Carlos Roque Junior

LISTA DE SIGLAS

CoV-2	Vírus da família dos coronavírus, que, ao infectar humanos, causa uma doença chamada covid-19
CPFR	*Collaborative Planning, Forecasting, and Replenishment*
H1N1	Influenza A, subtipo H1N1
H7N9	*Asian Lineage Avian Influenza A*
MERS	*Middle East Respiratory Syndrome*
OMS	Organização Mundial da Saúde
OPAS	Organização Pan-Americana da Saúde
S&OP	*Sales and Operations Planning* [Planejamento de Vendas e Operações]
SARS	*Severe Acute Respiratory Syndrome*
SCRE	*Supply Chain Resilience*
VMI	*Vendor Managed Inventory* [Estoque Gerenciado pelo Fornecedor]
MMR	Modelo de Maturidade e Resiliência

SUMÁRIO

1
INTRODUÇÃO 23

2
O QUE NOS DIZ A LITERATURA ESPECIALIZADA 33
2.1 Covid-19 34
2.2 A importância da resiliência para cadeias de suprimentos 37
2.3 As estratégias de resiliência 42
2.4 Fases de ruptura e eventos 48
2.5 Modelo ou modelos de resiliência em cadeias de suprimentos? 53
2.6 Os constructos de resiliência 56

3
MATURIDADE EM CADEIAS DE SUPRIMENTOS 65

4
O MODELOS DE MATURIDADE E RESILIÊNCIA EM CADEIA DE SUPRIMENTOS 75

5
A VALIDAÇÃO DO MODELO COM UM ESTUDO DE CASO 83
5.1 Os questionários 84
5.2 Achados das entrevistas 89
5.3 Reflexões sobre os resultados 95

6
CONCLUSÕES E RECOMENDAÇÕES 103

REFERÊNCIAS 113

APÊNDICE A
QUESTIONÁRIO DE RESILIÊNCIA NAS CADEIAS DE
SUPRIMENTOS: A COMPLEXIDADE DA COVID-19 127

APÊNDICE B
QUESTIONÁRIO PARA ENTREVISTA SOBRE RESILIÊNCIA 135

APÊNDICE C
QUESTIONÁRIO DE DIMENSÕES DA MATURIDADE 137

APÊNDICE D
PERGUNTAS DA ENTREVISTA DE MATURIDADE 141

APÊNDICE E
QUESTIONÁRIO DO MODELO DE MATURIDADE E
RESILIÊNCIA 143

APÊNDICE F
PERGUNTAS DA ENTREVISTA DE MATURIDADE E
RESILIÊNCIA 149

INTRODUÇÃO

Não podemos prever o futuro,
mas podemos criá-lo.
(Jim Collins)

Em 11 de março de 2020, o diretor-geral da Organização Mundial da Saúde (OMS), Tedros Adhanom Ghebreyesus, anunciou ao mundo o início da pandemia da covid-19, doença causada pelo novo coronavírus. Sua facilidade de contágio e crescente número de vítimas em poucos dias fizeram o mundo "parar": grandes eventos foram suspensos ou cancelados, o comércio fechou, somente serviços considerados essenciais (como supermercados e farmácias) continuaram funcionando, as ruas ficaram vazias; e os hospitais, lotados. Ao mesmo tempo, iniciou-se uma corrida pela busca de uma vacina e uma imensa batalha de médicos, enfermeiros, cientistas e todos aqueles que, de alguma forma, contribuíam para combater a doença. A covid-19 trouxe imensa dor e profundas implicações para o mundo, e nisso está incluída toda forma de prever, contornar e vencer eventos dessa magnitude.

Os envolvidos na elaboração deste livro vivenciaram de perto as consequências devastadoras da pandemia e têm profunda gratidão por todos os heróis que lutaram incansavelmente empregando seu conhecimento e esforço para fornecer produtos de saúde essenciais à população brasileira e ao redor do globo. Por isso, trazer nossos aprendizados com esse evento trágico é uma forma de colaborar para que estejamos sempre preparados para crises como ele; afinal, as cadeias de suprimentos são fundamentais para que os medicamentos, equipamentos e insumos necessários para que profissionais de saúde realizem seu trabalho cheguem aos hospitais, aos postos e aos demais centros de saúde.

A covid-19 não foi a primeira pandemia declarada pela OMS nos últimos anos. Em 2009, o mundo vivenciou a crise da gripe H1N1; e em 2014, a do vírus Ebola, por exemplo. A China, de onde a covid-19 inicialmente se espalhou, também já havia enfrentado o surto de SARS em 2003. Essas pandemias tiveram uma variedade de efeitos negativos nas cadeias de suprimentos, como excesso de demanda, baixa capacidade de produção, dependência de fornecedores muito específicos e risco de interrupção no abastecimento.

Para Akkermans e Van Wassenhove (2018), podemos fazer uma comparação dos tsunamis na natureza com os tsunamis nas cadeias de suprimentos: ambos são eventos que ocorrem com certo intervalo de tempo, baixa previsibilidade e alto impacto. Portanto, são facilmente confundidos com eventos únicos.

Assim, ainda que não seja único, até o momento da publicação deste livro, a covid-19 pode ser considerada o maior dos tsunamis que afetaram as cadeias de suprimentos no século 21, de acordo com relatórios da KPMG[1] (2020). Segundo Golan, Jernegan e Linkov (2020), essa pandemia foi uma ruptura de extensão sem precedentes que testou a resiliência de todas as cadeias de suprimentos no mundo. Eles afirmam também que é preciso medir as habilidades de resiliência de uma empresa para ter insights sobre pontos fortes e fracos, pois eles poderão ser cruciais em eventos futuros.

Diferentemente de outras epidemias, a covid-19 foi global e afetou inúmeras cadeias de suprimentos em diversos países. De acordo com Marquez, Tosola e Celis (2021), 90% dos países estavam com as fronteiras fechadas em maio de 2020, e esse fator, alinhado à dependência da produção de baixo custo da China, levou a um cenário de riscos sistêmicos nas cadeias de suprimentos. Para além disso, a incerteza de quando tudo passaria colocou mais pressão nas organizações. Não havia preparação para uma pandemia desse porte, mas algumas empresas e cadeias de suprimentos conseguiram reagir de forma mais ágil, mostrando resiliência, mesmo diante do caos.

---

[1] Empresa multinacional que realiza auditorias e serviços de consultoria, com sede em Londres.

Para Alicke, Azcue e Barriball (2020), a resiliência é apresentada como uma vantagem do modelo de maturidade em cadeias de suprimentos, entretanto ainda não é tão bem estabelecida em muitas organizações. Isso traz vulnerabilidades que precisam ser resolvidas, e a covid-19 mostrou quanto isso é urgente para garantir a sobrevivência das empresas diante das turbulências.

O modelo de maturidade e complexidade relacionado em cadeias de suprimentos e apresentado neste livro está alinhado com essa visão e acrescenta como fator-chave a complexidade interna, de interface e externa, mostrando que a cadeia de suprimentos é um organismo vivo, influenciável pelo meio e que precisa se adaptar de forma constante e ágil para evitar as rupturas.

Diversos autores, como Fonseca (2020); Golan, Jernegan e Linkov (2020); e Marquez, Tosola e Celis (2021), concordam que, à medida que as cadeias de suprimentos se globalizaram nas últimas duas décadas, comprando insumos em diversos países e vendendo para centenas de outros, em uma complexidade crescente, a competição passou de cadeias de suprimentos para redes de suprimentos, tornando a complexidade das redes e ambientes de suprimentos um fator crítico para o sucesso dos negócios.

> A resiliência é apresentada como uma vantagem do modelo de maturidade em cadeias de suprimentos. A baixa maturidade das organizações é uma vulnerabilidade que precisa ser resolvida pelas empresas.

Assim, diante do contexto de um mundo marcado por uma pandemia global e da busca constante sobre essa diferenciação em logística e cadeias de suprimentos, nossa pesquisa buscou analisar quais foram os impactos dos desafios e complexidades impostos pelo surto de covid-19 nas dimensões de maturidade e resiliência da cadeia de suprimentos. Sendo mais específico, nosso objetivo foi identificar quais eram as dimensões de resiliência, identificar quais eram as dimensões de maturidade, apresentar um modelo teórico para avaliação das dimensões de resiliência e maturidade e identificar quais foram os efeitos da pandemia na maturidade e resiliência da cadeia de suprimentos valendo-nos de um estudo de caso a fim de testar a validade do modelo proposto.

Precisamos sempre lembrar que nossa pesquisa buscou compreender a complexidade e a resiliência diante dos desafios da atualidade como um todo, ou seja, buscamos construir um modelo que fosse útil não somente para a pandemia de covid-19, mas sim para qualquer tipo de crise. Por este motivo, acreditamos que compartilhar nossos achados neste livro serão fundamentais para melhorar a gestão das cadeias de suprimentos em diversos setores, segmentos e portes de empresa.

A compreensão dos diferentes estágios de maturidade em cadeias de suprimentos, bem como das capacidades necessárias para garantir resiliência, é crucial para o sucesso empresarial. Isso pode ser a diferença entre manter uma empresa operacional ou ter que fechá-la. Os estudos de Golan, Jernegan e Linkov (2020) chamam atenção para a importância desse tema, especialmente em tempos de crise como da covid-19. Eles mostram que, em cadeias de suprimentos, o tempo e a sequência de reativação das instalações em diferentes níveis e a gestão dos pontos de conexão têm um impacto significativo no desempenho geral. Essa análise é particularmente relevante para as cadeias de suprimentos nas áreas de biotecnologia, indústria farmacêutica, ciências da vida e outras que são elos críticos dessas redes.

Capabilities

Segundo o dicionário *Cambridge*, "capabilities" significa capacidades, habilidades.

Enfatizamos esse termo porque ele está muito presente na literatura sobre logística e cadeias de suprimentos, que salienta que as empresas precisam buscar compreender suas capabilities para obter vantagens competitivas, fazendo, assim, uma ligação com a teoria estratégica das capacidades dinâmicas, a teoria dos recursos e capacidades, os modelos VRIO e a visão baseada em recursos RBV. Essas são teorias clássicas, mas extremamente presentes na administração de cadeias de suprimentos, sendo seu conhecimento fundamental para os gestores atuais e futuros.

Cambridge Dictionary. Capability. Inglês-Português. Disponível em: https://dictionary.cambridge.org/pt/dicionario/ingles-portugues/capability. Acesso em: 20 nov. 2023.

Outro aspecto a se considerar é que as cadeias de suprimentos são importantes por agregarem valor (Ballou, 2006). Esse valor pode estar voltado aos clientes e aos fornecedores da empresa, bem como a todos aqueles que nela têm interesses diretos, e pode ser apresentado em termos de tempo, lugar, custo, expectativa pelo serviço, extensão das linhas de suprimentos e maior complexidade.

Agora, leitor, pense comigo: o ano de 2020 foi marcado como o ano em que o mundo parou! Isso trouxe um cenário de complexidade extrema; os efeitos nas empresas e suas reações foram diferentes, podendo estar relacionados ao nível de maturidade de cada uma delas — ou a como elas estavam preparadas para eventos disruptivos ou eventos de rupturas. Em termos de agregar valor, as dificuldades geradas pela pandemia tornaram o processo das cadeias de suprimentos extremamente caro, aumentando sua complexidade.

Dessa maneira, conforme Corrêa (2010), a boa gestão de cadeias de suprimentos não é uma tarefa trivial: ela requer técnicas, conceitos e abordagens. Hoje, muitas organizações ainda usam exatamente as mesmas técnicas consagradas e usadas largamente ao longo dos últimos dois séculos e meio. Porém, o mundo de hoje é muito diferente do que era até 10, 20 anos atrás, especialmente com o desenvolvimento das tecnologias da informação, que criaram uma infinidade de ferramentas e possibilidades para controle de estoques, acompanhamento de rotas, comunicação rápida com clientes e fornecedores no mundo todo e muito mais. Isso só reforça que empresas e gestores devem se abrir para novos conceitos e abordagens para melhorar o desempenho de suas cadeias de suprimentos. É aí que entra a combinação entre resiliência e maturidade.

Para proporcionar uma compreensão mais abrangente sobre o conceito de maturidade nas cadeias de suprimentos, é fundamental fazer uma passagem por alguns pontos principais da literatura que abordam a evolução conceitual, partindo da logística, que é a base dos processos, e avançando até o Gerenciamento da Cadeia de Suprimentos.

Segundo Ballou (2006, p. 27), logística é o processo de planejamento, implantação e controle do fluxo eficiente e eficaz de mercadorias e serviços, assim como das informações relativas desde o ponto de origem até o ponto de consumo, com propósito de atender às exigências dos clientes. Para Bowersox, Closs e Cooper (2006), a logística enxuta é a habilidade superior de projetar e administrar sistemas para controlar a movimentação e a localização geográfica de matérias-primas, trabalhos em processo e inventários de produtos acabados ao menor custo total.

Já o Conselho de Gestão e Profissionais de Cadeia de Suprimentos[2] define logística como

> [...] o processo de planejamento, implementação e controle do fluxo eficiente e economicamente eficaz de matérias-primas, estoque em processo, produtos acabados e informações relativas desde o ponto de origem até o ponto de consumo, com o propósito de atender às exigências dos clientes (CSCMP, 2013).

Segundo Bowersox, Closs e Cooper (2006), a logística é um processo que gera valor considerando a configuração de tempo, sendo a combinação de gestão de pedidos, inventários, transporte, armazenagem, embalagem. Já Ballou (2006) afirma que a logística tem uma missão, que é dispor da mercadoria ou o serviço certo, no lugar certo, no tempo certo e nas condições desejadas, ao mesmo tempo que fornece a maior contribuição para a empresa.

A Cadeia de Suprimentos, por sua vez, engloba todas as etapas pelas quais o produto passa até chegar a seu ponto de venda final, incluindo os processos, os fluxos de informações, a gestão de fornecedores e a própria logística envolvida.

Dito isso, a evolução conceitual de logística até gerenciamento da cadeia de suprimentos pode ser dividida em três fases:

---

[2] Council of Supply Chain Management Professionals (CSCMP), que até 2004 era o Conselho de Gestão da Logística [Council of Logistics Management (CLM)].

- **Fase 1 ou logística tradicional:** a logística tradicional é focada nas atividades primárias de transporte, estoque e processamento de pedidos. Nessa fase, a logística é vista como uma função interna da empresa, responsável por garantir o fluxo eficiente de produtos e serviços;
- **Fase 2 ou logística integrada:** a logística integrada é focada na integração das atividades primárias e de apoio da logística. Nessa fase, a logística é vista como uma função estratégica da empresa, responsável por otimizar o fluxo de produtos e serviços ao longo de toda a cadeia de suprimentos;
- **Fase 3 ou Gerenciamento da cadeia de suprimentos:** o gerenciamento da cadeia de suprimentos é focado na integração de todas as atividades da cadeia de suprimentos, incluindo fornecedores, fabricantes, distribuidores e clientes. Nessa fase, a logística é vista como um componente essencial do Gerenciamento de Cadeia de Suprimentos, responsável por garantir o fluxo eficiente de produtos e serviços ao longo de toda a cadeia. Existem diversas opiniões sobre as fases na literatura especializada, mas em todas elas a evolução de uma fase para a outra parte de levar o produto do campo (matéria-prima) ao mercado (produto final), com um olhar voltado para produção e para cadeias de suprimentos focadas em agilidade e flexibilidade.

De acordo com Ballou (2006), as atividades primárias da logística são as atividades essenciais para o fluxo de produtos e serviços ao longo da cadeia de suprimentos. São elas:

- Transporte: movimentação de produtos de um ponto a outro;
- Manutenção de estoque: armazenamento de produtos para atender à demanda;
- Processamento de pedidos: atendimento às solicitações de clientes.

Temos também as atividades de apoio da logística, que são atividades que dão suporte às atividades primárias:

- Armazenagem: gerenciamento de espaços para armazenamento de produtos;
- Manuseio de materiais: movimentação de produtos dentro dos armazéns;
- Embalagem de proteção: proteção de produtos durante o transporte e armazenamento;
- Obtenção: aquisição de matérias-primas e componentes;
- Programação de produtos: definição de mix de produtos e volumes de produção;
- Manutenção de informação: coleta, processamento e distribuição de informações sobre a cadeia de suprimentos.

A evolução conceitual de logística até gerenciamento da cadeia de suprimentos reflete a crescente importância da cadeia de suprimentos para o sucesso das empresas. As empresas que adotarem uma abordagem de gerenciamento da cadeia de suprimentos serão mais bem posicionadas para competir no mercado globalizado. Aliás, nem sempre é questão de competir, mas de estar preparada para operar em um mundo tão conectado.

Nesse contexto, deparamo-nos com a enorme complexidade das cadeias de suprimentos. Em nosso primeiro trabalho, de 2019[3], elaboramos três cenários que descrevem a competência de uma cadeia de suprimentos diante dessa complexidade:

- Incapaz: as competências de gerenciamento de cadeias de suprimentos não conseguem suportar os requisitos de complexidade;
- Alinhados: nessa situação, as competências de SCM estão alinhadas com os requisitos de complexidade;
- Superior: aqui, as competências de SCM estão mais desenvolvidas do que o exigido pelo nível de complexidade.

---

[3] Ver: ROQUE JUNIOR, L. C. *et al*. Supply chain management maturity and complexity: findings from a case study at a health biotechnology company in Brazil. **International Journal of Logistics Systems and Management**, v. 33, n. 1, p. 1, 2019. DOI 10.1504/IJLSM.2019.099658.

Deve-se mencionar a existência de situações em que o nível de maturidade será superior ao exigido pelo nível de complexidade. Isso não significa que as dimensões da maturidade não possam ser melhoradas; na verdade, elas podem ser mais aproveitadas para alcançar um desempenho ainda maior na cadeia de suprimentos, não obstante sejam suficientes para lidar com necessidades de complexidade. Os achados daquele primeiro trabalho sobre complexidade e maturidade reforçam a necessidade de a gestão da cadeia de suprimentos ser orientada por critérios relacionados às suas capacidades e ao ambiente de imersão.

Partindo disso, nossa pesquisa abordou o ambiente no qual ela foi realizada: em nível mais amplo, o complexo mercado globalizado que exige modelos de resiliência abrangentes, e em nível mais específico o contexto da pandemia de covid-19 e do ambiente organizacional no qual foi realizado o estudo de caso para testar a validade do modelo de resiliência que propomos nesta obra.

***

Notamos que, ao longo dos anos e de pesquisa, muitas empresas tentaram simplificar o termo "cadeias" ou "redes de suprimentos" com uma falsa sensação de ordem e previsibilidade em um mundo volátil e incerto, buscando "otimização" (redução imprudente de custos e uso de modelos automatizados irrealistas) e foco em resultados de curto prazo. Isso não reflete a realidade que percebemos em nosso dia a dia; as cadeias de suprimentos são complexas e exigem a sensibilidade humana para funcionar e gerar resultados não só em curto, mas também em longo prazo, garantindo a continuidade de suas atividades.

O que estamos estudando hoje — e neste livro — é reflexo de nossas histórias. Muito do que sabemos hoje sobre logística e cadeia de suprimentos é fruto de séculos de movimentação humana e redes de comércio. E por isso é preciso estudar os povos egípcios, maias, incas, romanos e centenas de outros que conseguiram se desenvolver prosperar por centenas de anos — é pouco comentado que cada povo teve a logística como um fator crucial em seu momento de auge, fosse em termos de comunicação, fosse de comércio, transporte de pessoas ou por questões militares.

Nossa pesquisa visa, portanto, fornecer ao leitor pontos de reflexão fundamentados em nossa extensa revisão da literatura científica e em nossa vivência imersa nas complexidades das cadeias de suprimentos nas últimas duas décadas. Compreendemos que, juntos, podemos aprender com as lições do passado e os desafios do presente para moldar um futuro mais resiliente e adaptável. Esperamos que este trabalho forneça insights valiosos e promova uma visão aprofundada da importância da resiliência nas cadeias de suprimentos em face de eventos críticos como a pandemia de covid-19.

Pontos-chave

- As pandemias são eventos que podem causar grandes interrupções nas cadeias de suprimentos;
- A pandemia de covid-19 teve um impacto global nas cadeias de suprimentos;
- A maturidade das cadeias de suprimentos pode influenciar sua resiliência;
- Os gestores de cadeias de suprimentos devem investir em melhorias na maturidade das cadeias de suprimentos, desenvolver planos de contingência e fortalecer os relacionamentos com fornecedores e clientes.

Questões para reflexão

- Como as empresas podem aumentar a resiliência de suas cadeias de suprimentos?
- Quais são os desafios para a implementação de planos de contingência para eventos disruptivos?
- O que as empresas podem aprender com os impactos da pandemia de covid-19 nas cadeias de suprimentos?

2

O QUE NOS DIZ A LITERATURA ESPECIALIZADA

Não são as circunstâncias que causam resultados — são as pessoas.
(Jim Collins)

Neste capítulo, apresento uma revisão extensiva da literatura acerca dos fenômenos e conceitos que fundamentaram a pesquisa: o que a pandemia de covid-19 significou no contexto das cadeias de suprimentos, a importância da resiliência nas cadeias de suprimento, estratégias de resiliência, fases de ruptura e eventos (como a pandemia) e modelos de resiliência em cadeias de suprimentos. Por fim, apresento uma sistematização de como os autores estudados abordam esses tópicos, a qual nos ajudou a construir o modelo de maturidade em cadeias de suprimentos que este livro apresenta e que buscamos aplicar em nossa rotina na área.

> É importante lembrar que o surto da doença causou a morte de milhões de pessoas e afetou a vida de bilhões de outras. É fundamental reconhecer o esforço de todos aqueles que trabalharam para combater a pandemia e minimizar seus impactos.

É importante reconhecer que, ao longo da história, diversas regiões e países enfrentaram eventos de diversas naturezas, como catástrofes climáticas, atentados, surtos de doenças e outros desafios. Esses eventos trazem transformações profundas que nos obrigam a buscar novas soluções, tecnologias e meios de prevenção, de maneira a sempre evoluir. Isso não é diferente na gestão das cadeias de suprimentos, que garantem o funcionamento da economia e das empresas, o abastecimento de insumos e a comunicação em todo o planeta.

2.1 Covid-19

> *Criatividade empírica é apostar com base em evidências,*
> *não na loucura ou no sonho.*
> (Jim Collins)

Diversos foram os estudos realizados sobre gerenciamento de risco nos últimos anos, e há um amplo reconhecimento de que todas as cadeias de suprimentos estão sujeitas a uma grande variedade de interrupções, as quais podem ter efeito imediato ou em longo prazo (Shekarian, Nooraie e Parast, 2020). O mundo enfrentou tais efeitos diariamente com a covid-19; e, mais do que nunca, era (e continua a ser) de extrema importância que as redes de suprimentos mantivessem o fluxo de fornecimento de produtos e insumos para alimentação, saúde e demais itens considerados essenciais para a vida humana atual.

O SARS-CoV-2, mais conhecido como covid-19, é uma síndrome respiratória aguda grave altamente contagiosa. Inicialmente um evento isolado e localizado na cidade de Wuhan, no Leste da China, a doença não tinha até então um impacto significativo nas cadeias de suprimentos. No entanto, em questão de dias, o vírus espalhou-se pelo país e pelo planeta. A princípio, parecia que a China estava preparada para combater o surto após as experiências com o SARS em 2003. Porém, não demorou a ficar evidente que nem a China nem o restante do mundo tinham capacidade de atender ao crescimento exponencial de casos de covid-19.

Para Wang, Zhang e He (2020), a chave para uma resposta rápida a uma emergência pública reside em estoques estratégicos e adequados de suprimentos. Essa quantidade de material disponível é crucial para reduzir as taxas de mortes e aumentar as taxas de tratamento bem-sucedido. Não foi o que aconteceu no caso da covid-19: de acordo com os autores, o primeiro impacto nas cadeias de suprimentos aconteceu na época do Ano-Novo chinês, período em que a maioria das fábricas e dos distribuidores estava fechada, o que levou à escassez de suprimentos e de médicos para a proteção no combate à epidemia. Essa escassez também afetou outros países, como a Itália, que, de acordo com Sorbello M, El-Boghdadly K, Di Giacinto I, Cataldo R, Esposito C, Falcetta S, Merli G, Cortese G, Corso RM, Bressan F, Pintaudi S, Greif R, Donati A, Petrini F. (2020), registrou o maior número de casos (41.035) e mortes (3.405) devido à covid-19 na Europa, e foi o segundo no ranking global até 20 de março de 2020. Mesmo tendo um sistema de saúde desenvolvido e robusto, com atuação ativa das autoridades, em 31 de janeiro de 2020, a Itália também não teve capacidade para produzir, comprar ou distribuir EPIs a todas as frentes de trabalho.

Wang, Zhang e He (2020) apresentam alguns motivos que contribuíram para a falta de produtos:

- Falha no financiamento dos estoques;
- Falta de planejamento;
- Local para armazenagem;
- Distribuição estratégica.

Wang, Zhang e He (2020) também pontuam que alguns países mantêm estoques estratégicos para atender a situações de crise, como as de saúde, com base no histórico de doenças. Um exemplo são os Estados Unidos, que mantêm determinados produtos em armazéns do governo ou de empresas privadas, com contratos para atendimento em 24/36 horas. Além dos EUA, Canadá e Austrália mantêm estoques para emergências de saúde pública.

Antes da covid-19, que não foi a primeira nem será a última pandemia, o SARS, a influenza aviária (H7N9), o vírus Ebola e a MERS geraram um impacto global ainda difícil de mensurar, mas deixaram-nos alguns aprendizados que foram essenciais para lidar com o novo coronavírus. Segundo Anzai *et al.* (2020) e Johnson *et al.* (2020), as ações tomadas pela China e pela Europa contribuíram para evitar um surto muito maior, com o estabelecimento rápido de medidas de distanciamento, como o cancelamento de eventos culturais e esportivos, as recomendações de teletrabalho, o fechamento de escolas, cancelamento de voos e fechamento de fronteiras, a fim de diminuir a transmissão do vírus. Essas medidas foram amplamente adotadas ao redor do mundo, o que acelerou a limitação de rotas aéreas de fundamental importância para o abastecimento dos mercados com insumos destinados, naquele momento, principalmente à saúde. De acordo com o Flightradar24 (2020) — um serviço global de rastreamento de voos que fornece informações sobre as operações aeronáuticas em todo o planeta —, de 12 de janeiro de 2020 a 10 de abril de 2020, houve uma redução de 58% no número de voos pelo mundo.

O impacto da covid-19 foi sentido de forma diferente pelo mundo devido à desigualdade entre os países ricos e pobres, sendo os locais mais pobres, com falta de eletricidade, água e internet, os mais afetados (Rodrigues da Silva *et al.*, 2020). Até o dia 10 de novembro de 2023, mais de 706 mil brasileiros haviam perdido a vida por causa da covid-19, conforme informações disponibilizadas pelo governo federal em uma página dedicada à doença, e milhares foram contaminados.

Diante da magnitude dessa tragédia, a luta por manter as redes de suprimentos funcionando, até mesmo para garantir que testes, medicamentos e vacinas chegassem a quem precisava, trouxe um grande desafio a todos os profissionais da área, mostrando que a gestão de cadeias de suprimentos não é para amadores.

Nossa pesquisa tem, portanto, o objetivo de oferecer ao estimado leitor um relato abrangente sobre o evento crítico que foi a pandemia de covid-19 enquanto marco significativo tanto nas pesquisas acadêmicas quanto na gestão global das cadeias de suprimentos. Na busca por compreender as complexidades e os desafios que surgiram com a pandemia, nosso propósito não é apenas fornecer uma visão detalhada das definições essenciais relacionadas ao tema, mas também explorar a resiliência e sua importância para vencer os desafios trazidos pela pandemia, como será feito a partir do próximo tópico.

Pontos-chave

- A pandemia impactou as cadeias de suprimentos, como a produção, o transporte e a distribuição de produtos;
- Cadeias de suprimentos mais maduras são mais resilientes a eventos disruptivos porque têm maior capacidade de adaptação e recuperação;
- A pandemia deve levar as empresas a repensarem seus modelos de negócios e suas estratégias de gestão de cadeias de suprimentos.

Questões para reflexão

- Como as cadeias de suprimentos podem se adaptar às mudanças causadas pela covid-19?
- Quais são as oportunidades para as cadeias de suprimentos no mundo pós-covid-19?

2.2 A importância da resiliência para cadeias de suprimentos

Se não está ruim agora,
é questão de tempo.
(Jim Collins)

McCarthy, Collard e Johnson (2017) observam que condições ambientais desafiadoras geralmente geram e moldam a essência de ncvas configurações de fabricação. Esses eventos em escala provocam mudanças de processos organizacionais para atendimento dos novos cenários aos quais as empresas estão sujeitas e salientam que a capacidade de as empresas reagirem de forma diferente está ligada à resiliência de cada uma delas.

A definição mais básica de resiliência é a habilidade de se recuperar ou se adaptar a transformações e adversidades. No contexto das organizações, ela se refere à capacidade de superar as mudanças e crises mantendo a estabilidade e sustentabilidade da operação. O brilhante

> **RESILIÊNCIA E RISCO DE DESASTRES, UM GUIA PARA ATUAÇÃO MUNICIPAL**
>
> Um trabalho realizado pelo Centro de Estudos e Pesquisas em Engenharia e Defesa Civil, da Universidade Federal de Santa Catarina, em parceria com o Banco Mundial, traz evidências empíricas sobre como gestores municipais podem atuar em face dos desafios contemporâneos. Ele define o conceito de Resiliência a Desastres como capacidade determinada pela forma como governo e sociedade civil compreendem os riscos que enfrentam e são capazes de se auto-organizar. Essa auto-organização foca o aumento da capacidade de adaptação, aprendendo com experiências passadas, planejando-se com investimentos em proteção e defesa civil, e realizando ações de boa governança visando ao alcance de uma melhor proteção futura, centrada em medidas de redução de riscos de desastres (Banco Mundial; Fundação de Amparo à Pesquisa e Extensão Universitária; Universidade Federal de Santa Catarina; Centro de Estudos e Pesquisas em Engenharia e Defesa Civil; Global Facility for Disaster Reduction and Recovery. Resiliência e risco de desastres: um guia para atuação municipal. Florianópolis: FAPEU, 2020. Disponível em: < https://pmma.etc.br/mdocs-posts/resiliencia-e-risco-de-desastres-um--guia-para-atuacao-municipal/> Acesso em: 20 out. 2020.

trabalho de Jim Collins e Morten T. Hansen, em seu livro *Vencedoras por opção* (2018), destaca empresas reais que, mesmo diante do caos, conseguiram prosperar — como Intel e Microsoft —, e uma das principais habilidades dessas organizações para isso era justamente a resiliência. Por isso, a partir daqui, vamos tratar exatamente do papel da resiliência em nosso objeto de trabalho, as cadeias de suprimentos.

Conforme Pettit, Croxton e Fiksel (2019), as empresas devem criar uma estrutura equilibrada de resiliência por meio de uma avaliação da relação entre recursos e fragilidades, evitando que haja recursos em excesso diante de situações de vulnerabilidade da organização. A resiliência nas cadeias de suprimentos tem sido extensivamente estudada na literatura por perspectivas estratégicas, táticas e operacionais, e têm-se abordado inúmeros tipos de eventos, como desastres naturais — tsunamis, incêndios, inundações, neve, chuva, furacões, terremotos — ou intervenções humanas — guerras, ataques terroristas, bloqueios marítimos, descontinuidade de fornecedores, greves, falhas de equipamentos, acidentes industriais, grande oscilação de oferta ou demanda e crises geopolíticas.

Diversos autores apontam que o tema de *Supply Chain Resilience* (SCRE), também conhecido como Cadeias de Suprimentos Resilientes, está em evidência com pesquisas ativas nos últimos anos, principalmente em países desenvolvidos. Poucos são os achados em países em desenvolvimento, que são afetados com maior intensidade pelos riscos existentes nas cadeias de suprimentos, seja por falta de estrutura social, seja de política ou, ainda, de recursos humanos.

Como apontado por Kochan e Nowicki (2018), a pesquisa existente sobre cadeias de suprimentos resilientes concentra-se predominantemente em setores específicos, tais como indústria agroalimentar, automotiva, química e petroquímica, de carvão, ajuda humanitária, eletrônica, energia, saúde, militar e varejo. O enfoque desses estudos recai sobre os riscos e interrupções em suas respectivas cadeias de suprimentos.

Lamentavelmente, até a crise da covid-19, notou-se uma lacuna na literatura em relação à resiliência das cadeias de suprimento no setor de biotecnologia, havendo uma escassez de atenção voltada para pandemias específicas. No contexto da biotecnologia, na qual a pesquisa e a produção muitas vezes envolvem processos complexos e altamente especializados, a interconexão global das cadeias de suprimentos torna-se um fator crítico. A falta de atenção prévia a pandemias na literatura ressalta a necessidade urgente de explorar estratégias específicas para mitigar riscos e interrupções relacionados à saúde global.

Podemos perceber, nesse contexto, que a busca pela resiliência nas cadeias de suprimentos pode ter múltiplas motivações. Diversos autores, como Lücker e Seifert (2017), Pettit, Croxton e Fiksel (2019) e Purvis, L., Spall, S., Naim, M. e Spiegler (2016), apontam que esse é um dos grandes desafios enfrentados pelos gestores, e essa preocupação pode estar ligada diretamente ao impacto que uma ruptura pode ter na cadeia de suprimentos e os seus efeitos em cascata.

Sprecher *et al.* (2017) apresentam três pontos importantes para uma cadeia de suprimentos resiliente:

- O primeiro é que a ruptura da cadeia pode estar em vários pontos, podendo ser fortemente influenciada pela oferta ou pela demanda;
- O segundo é que a sustentabilidade, por meio do uso da economia circular, não tem efeito na resiliência da cadeia de suprimentos;
- O terceiro é que a complexidade da cadeia de suprimentos acontece devido aos "nós" de uma cadeia globalizada, podendo ser consequência eventos em vários países, estejam esses eventos interligados ou não.

Deve-se levar em conta, ainda, a influência, em sua cadeia de suprimentos, do ambiente em que a empresa está inserida, como comunidades e governos.

- A resiliência da cadeia de suprimentos é um conceito multifacetado. Não existe uma abordagem única para melhorar a resiliência das cadeias de suprimentos. As empresas precisam considerar uma variedade de fatores, incluindo a complexidade da cadeia, a sustentabilidade e o ambiente que as cerca;
- A resiliência da cadeia de suprimentos é um processo contínuo. As empresas precisam estar constantemente avaliando e adaptando suas estratégias de resiliência para atender às mudanças do mercado.

De acordo com Pournader *et al.* (2016), a resiliência é uma condição necessária para garantir a sobrevivência e a prosperidade das cadeias de suprimentos expostas a tantos fatores que geram instabilidades. Porém, a resiliência de uma cadeia de suprimentos como um todo nem sempre é sinal de resiliência das camadas individuais. Por exemplo, uma empresa pode ter uma cadeia de suprimentos globalmente resiliente, capaz de se recuperar rapidamente de grandes perturbações, como desastres naturais ou crises econômicas. Contudo, isso não significa necessariamente que cada um de seus fornecedores individuais seja igualmente resiliente. Se um fornecedor-chave não apresenta planos de contingência eficazes, ou enfrenta problemas financeiros sérios, uma grande crise pode impactar significativamente a operação geral da cadeia, mesmo que o restante dela seja robusto e adaptável. Este exemplo ilustra a complexidade da resiliência na cadeia de suprimentos e a necessidade de uma abordagem holística que considere a resistência e a recuperação em todos os níveis e elos da cadeia.

Para Lücker e Seifert (2017), muitas empresas fazem uma gestão improvisada e pouco estruturada no que se refere à resiliência, que acaba não sendo parte integrante da operação. Um dos motivos abordados pelos autores é a falta de métricas claras de resiliência e ferramentas quantitativas de decisão. Esses motivos são reflexos, muitas vezes, de hesitação das empresas quando se trata de definir e implementar uma abordagem holística de estratégia de resiliência da cadeia de suprimentos.

Para ajudar a resolver este problema, nos próximos itens abordaremos as estratégias de resiliência e algumas práticas que podem fazer a diferença para tornar uma cadeia de suprimentos mais resiliente.

Pontos-chave

- A importância da resiliência nas cadeias de suprimentos;
- A importância da resiliência nas cadeias de suprimentos em eventos disruptivos, como pandemias;
- Os fatores que contribuem para a resiliência das cadeias de suprimentos;
- Os desafios para a implementação de estratégias de resiliência nas cadeias de suprimento;
- A necessidade de equilibrar a resiliência fazendo uma avaliação entre recursos e vulnerabilidades;
- A necessidade de as empresas avaliarem seus recursos e vulnerabilidades para melhorar sua resiliência.

Questões para reflexão

- Quais são os principais desafios para as empresas em melhorar sua resiliência?
- Como as empresas podem desenvolver uma cultura de resiliência?
- Quais são as principais estratégias que as empresas podem adotar para melhorar a resiliência de suas cadeias de suprimentos?
- Como as empresas podem desenvolver métricas claras de resiliência e ferramentas quantitativas de decisão?
- Como as empresas podem superar os desafios para a implementação de estratégias de resiliência nas cadeias de suprimentos?
- Como as empresas podem se adaptar às mudanças nas cadeias de suprimentos globais?

2.3 As estratégias de resiliência

Não podemos prever o futuro,
mas podemos criá-lo.
(Peter Drucker)

Para autores como Chen, Xi e Jing (2017), Ivanov (2018) e Namdar, J., Li, X., Sawhney, R. e Pradhan, N. (2018), as elaborações metódicas sobre a avaliação e o entendimento de interrupções de baixa frequência e alto impacto — tal como foi a pandemia de covid-19 — são vitais para a compreensão e o desenvolvimento de conceitos de suprimento baseados em redes.

Nessa linha, a literatura apresenta três perspectivas que devem ser analisadas ao desenharmos as cadeias de suprimentos: a proativa, a simultânea e a reativa. Cada uma dessas perspectivas apresenta suas características e gera resiliência nas cadeias de suprimentos à sua própria maneira.

Para Tan, Cai e Zhang (2019), ser proativo é adotar estratégias de mitigação *antes* de acontecer uma ruptura; reativo é aquele que adota estratégias somente *após* a ruptura. A. Ali, Mahfouz e Arisha (2017) apresentam também a perspectiva simultânea ou estratégia concorrente, que consiste em ajustes rápidos do sistema durante a interrupção dos eventos. Como está ilustrado na Figura 1, todas elas atingem pontos em comum, pois todas representam uma resposta a eventos disruptivos, ainda que em momentos diferentes.

Figura 1 – Estratégias de resiliência

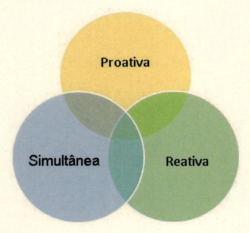

Fonte: o autor (2021)

Alguns autores, como Chowdhury e Quaddus (2016), I. Ali, Mahfouz e Arisha (2017) e Namdar, J., Li, X., Sawhney, R. e Pradhan, N. (2018), identificaram que cadeias de suprimentos proativas tinham resultados melhores do que cadeias reativas, confirmando que ações preventivas devem ser estruturadas antes que um evento de ruptura venha a acontecer.

Rajesh (2017) sugere ainda ir além de cadeias de suprimentos proativa e reativa. Situações diferentes podem exigir ações diferentes, já que nem sempre é possível prever todos os eventos ao ponto de ser proativo com todo tipo de crise, assim como é necessário evitar ter uma estratégia puramente reativa quando um mesmo problema é recorrente naquela cadeia. Por isso, a abordagem simultânea entra em cena, fazendo a ponte entre as duas outras abordagens e integrando a flexibilidade e a antecipação, características da cadeia de suprimentos proativa com a capacidade de resposta e correção, inerente à cadeia reativa.

O mesmo autor propõe ainda que conhecer as capacidades tecnológicas da cadeia de suprimentos é fundamental para os gerentes conseguirem identificar quais recursos geram maior influência para o aprimoramento da resiliência. I. Ali, Mahfouz e Arisha (2017), bem como Ralston e Blackhurst (2020), abordam autonomia gerencial, investimentos em pesquisa e desenvolvimento e integração de TI. Além desses autores, Ivanov e Dolgui (2020) chama atenção para o uso de recursos da tecnologia da chamada Indústria 4.0 como fatores importantes na construção da resiliência.

No contexto da Indústria 4.0, autonomia gerencial é a capacidade das máquinas e sistemas de tomarem decisões inteligentes com base em dados em tempo real. Por exemplo, em uma cadeia de suprimentos, sistemas autônomos podem monitorar o nível de estoque e automaticamente fazer pedidos para fornecedores, otimizando o processo de reabastecimento e reduzindo a necessidade de intervenção humana. Essa solução pode estar integrada em uma torre de controle de logística, um sistema de monitoramento que traz resultados significativos para operações que a utilizam. No Brasil, grandes empresas que se beneficiam dessa tecnologia são a Henkel, a g2l e a Ambev Tech.

> A resiliência nas cadeias de suprimentos é um desafio complexo; não existe uma única abordagem para melhorá-la. As empresas precisam considerar uma variedade de fatores e adotar uma abordagem holística.

As cadeias de suprimentos podem também se beneficiar significativamente de investimentos em pesquisa e desenvolvimento, principalmente na exploração de novas tecnologias, como *blockchain*, para rastreabilidade de produtos, drones para entrega e robótica avançada para automação de armazéns. Essas inovações podem aumentar a eficiência, reduzir custos e melhorar a segurança. Exemplos de empresas que estão buscando fazer isso acontecer atualmente são a Amazon e o Walmart.

A integração eficaz de sistemas de TI é fundamental para a Indústria 4.0 nas cadeias de suprimentos. Isso inclui a implementação de sistemas de Planejamento de Recursos Empresariais (ERP), Gerenciamento de Relações com Clientes (CRM) e plataformas de análise de dados e aplicação das torres de controle de logística e cadeias de suprimentos, construindo, assim, uma central com informações em tempo real de diversos sistemas da empresa. Esses sistemas permitem uma visão holística das operações, melhorando a tomada de decisão e a colaboração entre diferentes partes da cadeia. Esses avanços não apenas aprimoram a eficiência operacional, mas também contribuem para a criação de cadeias de suprimentos mais resilientes e adaptáveis, capazes de responder dinamicamente a desafios e mudanças no mercado.

Desta forma, a identificação de recursos e capacidades da cadeia de suprimentos é primordial para tomada de decisão. Para compreender como isso foi determinante na conjuntura da recente pandemia, vale a pena conferir os trabalhos de Frederico (2021) relacionados ao conceito 4.0 e covid-19[4].

De acordo com Lücker e Seifert (2017) e Shashi, Cerchione e Ertz (2020), as estratégias para criação de resiliência podem ser adotadas de forma simultânea com horizontes temporais de curto, médio prazo (dois anos) e longo prazo (cinco anos). Para outros autores, como A. Ali, Mahfouz e Arisha (2017) e Chowdhury e Quaddus (2016), tais estratégias estão alinhadas e têm uma base chamada *antecedentes da resiliência da cadeia de suprimentos*.

---

[4] Recomendo os artigos "Impact of I4.0 technologies and their interoperability on performance: future pathways for supply chain resilience post-covid-19", no *The International Journal of Logistics Management*; e "Towards a supply chain 4.0 on the post-covid-19 pandemic: a conceptual and strategic discussion for more resilient supply chains", no *Rajagiri Management Journal*. As referências completas podem ser encontradas na seção "Referências" deste livro.

Fazem parte desses antecedentes, primeiramente, a orientação da cadeia de suprimentos, que pode ser vista como construção e manutenção de elementos comportamentais internos que facilitam o intercâmbio relacional (confiança, compromisso, compatibilidade organizacional, normas cooperativas e apoio da alta gerência). Em segundo lugar, está a cultura de gerenciamento de riscos da cadeia de suprimentos, que está relacionada ao gerenciamento de risco em todos os níveis da organização. Por fim, em terceiro, está o processo de aprendizado e desenvolvimento, que faz com que a organização possa aprender com as experiências e com isso ampliar seu leque de conhecimentos.

Diferentes autores apresentam fatores variados a serem considerados na construção de estratégias de resiliência, muitas vezes se complementando entre si. Para citar alguns:

- Ali, Mahfouz e Arisha (2017) e Shashi, Cerchione e Ertz (2020) apresentam as estratégias de resiliência como reconfiguração de recursos, infraestrutura de gerenciamento de risco, continuidade de abastecimento, múltiplas fontes de abastecimento, *sourcing* flexível e estratégico, estoque estratégico, redução do tempo de espera, aumento da inovação, força de trabalho multiqualificada, armazenamento de capacidade adicional, visibilidade da cadeia de suprimentos, gestão baseada na demanda, redução de custos, desenvolvimento de fornecedores, inovação e tecnologia da informação, plano de contingência, planejamento colaborativo, cultura de gestão de risco, participação de mercado, solidez financeira, desenho da cadeia de suprimentos, capacidade e velocidade de resposta, medição de desempenho e, por fim, gestão do conhecimento;

- Pettit, Croxton e Fiksel (2019) também apresentam outros fatores que complementam essa base de resiliência com foco nas pessoas, incluindo adaptabilidade, criatividade, consciência situacional, desenvoltura, aprendizado, colaboração, tenacidade e confiança;

- Já para Chowdhury e Quaddus (2016), um esforço integrado deve ter uma abordagem holística. Pettit, Croxton e Fiksel (2019) complementam que as empresas precisam analisar as vulnerabilidades internas, dos parceiros, clientes e fornecedores na busca de criar resiliência sistêmica;
- Para Pettit, Croxton e Fiksel (2019), em sua análise de dez anos sobre resiliência em cadeia de suprimentos, é preciso levar em consideração dois fatores: o tamanho das empresas e o ciclo de vida. O tamanho da organização apresentará recursos, capacidades e vulnerabilidades diferentes; já o ciclo de vida leva em consideração as fases de um produto que foram classificadas, como introdução, crescimento, maturidade e declínio, as quais exigem uma ação por parte dos gerentes para manter a resiliência;
- E, para finalizar este tópico, Shashi, Cerchione e Ertz (2020) enfatizam, em seu trabalho de revisão de literatura, a existência de barreiras para criação da resiliência, ressaltando as seguintes causas: a tomada de decisão ineficaz, sistema de controle de estoque impreciso, gestão ineficaz de fornecedores, implementação rara de estratégias de gestão de risco, falta de recursos e capacidade de gestão, alto custo de manutenção de estoques de segurança e outras instalações, falta de compartilhamento de informações, falta de confiança, falta de visibilidade de *Supply Chain*.

Todos os argumentos e autores discutidos até agora contribuem com as teorias do mundo da administração, que não vêm ao caso aprofundar neste livro. Mas é relevante sublinhar uma delas: a teoria dos sistemas, que se fundamenta na ideia de que todos estamos ligados e somos impactados de alguma forma pelas ações de todos como parte de um sistema interconectado. Cadeias de suprimentos são sistemas interconectados, e uma visão holística — que, por sinal, também é uma das mais importantes teorias da administração — permite-nos visualizar esses sistemas com maior clareza do que olhar somente para as partes isoladamente.

Mas, se é necessário levar tantos fatores em consideração, como podemos organizá-los em uma estratégia de resiliência adequada para a organização? No próximo tópico, abordaremos de forma um pouco mais clara em que momento cada elemento se encaixa, valendo-nos de uma reflexão sobre fases de ruptura e eventos.

Pontos-chave

- A importância de adotar uma abordagem holística para a resiliência nas cadeias de suprimentos;
- A necessidade de identificar os recursos e capacidades da cadeia de suprimentos;
- A importância da tecnologia para a resiliência nas cadeias de suprimentos.

Questões para reflexão

- Como as empresas podem implementar uma abordagem holística para a resiliência nas cadeias de suprimentos?
- Quais são os principais recursos e capacidades que as empresas devem identificar para melhorar a resiliência de suas cadeias de suprimentos?
- Como as empresas podem usar a tecnologia para melhorar a resiliência de suas cadeias de suprimentos?

2.4 Fases de ruptura e eventos

A simplicidade tende ao desenvolvimento,
a complexidade à desintegração.
(Peter Drucker)

A maioria dos autores[5] considera que as três fases de uma ruptura de uma cadeia de suprimentos são:

---
[5] Podemos mencionar Altay, N., Gunasekaran, A., Dubey, R. e Childe, SJ. (2018), A. Ali, Mahfouz e Arisha (2017), Chowdhury e Quaddus (2016), Datta (2017), Gunessee, Subramanian e Ning (2018), Hecht AA, Biehl E, Barnett DJ, Neff RA . (2019), Pettit, Croxton e Fiksel (2019) e Wied, Oehmen e Welo (2020). As referências completas podem ser encontradas na seção "Referências" deste livro.

- **Pré-evento**: nessa fase, as empresas devem estar preparadas para possíveis rupturas realizando um planejamento e implementando medidas de mitigação de riscos;
- **Evento**: nessa fase, a empresa deve agir rapidamente para minimizar os impactos da ruptura;
- **Pós-evento**: nessa fase, a empresa deve se concentrar na recuperação e na prevenção de rupturas.

Além de estar preparadas, as empresas devem considerar, para o desenvolvimento de uma cadeia de suprimentos resiliente, o aprendizado. Há concordância geral de que as organizações devem aprender com as experiências passadas e acrescentar essas experiências à sua capacidade de criar resiliência. Segundo Scholten, Scott e Fynes (2019) e outros autores, o aprendizado está implícito nas definições de resiliência da cadeia de suprimentos e é um fator crítico na criação de resiliência.

Para um melhor entendimento sobre o conceito de resiliência, utiliza-se o termo "evento", já que existem eventos negativos, como desastres naturais ou aumento de demanda para além da capacidade de produção; e eventos positivos, como aumento de demanda, de pedidos, de venda, novos mercados consumidores: todos apresentando grandes desafios para a cadeia de suprimentos (Gunessee, Subramanian e Ning, 2018).

Cada evento passa por etapas, e, para cada uma, as empresas adotam estratégias ou um conjunto de práticas/ações que têm como objetivo trazer maior resiliência. Essas etapas podem ser definidas de acordo com o tipo de empresa, o tipo de cadeia de suprimentos e os recursos disponíveis. Considerando essas definições, desenvolveu-se a Figura 2 para melhor visualização dessas práticas.

Figura 2 – Tipos de eventos

Fonte: o autor (2021)

A seguir, apresentamos algumas estratégias que podem ser adotadas pelas empresas para cada fase de uma ruptura de cadeia de suprimentos:

Pré-evento

- Realizar um planejamento de contingência: o planejamento de contingência deve identificar os possíveis riscos aos quais a cadeia de suprimentos está exposta e definir ações para mitigá-los;

- Estabelecer parcerias estratégicas: elas podem ajudar as empresas a compartilharem recursos e informações, o que pode melhorar a resiliência da cadeia de suprimentos;
- Investimento em tecnologia: a tecnologia pode ajudar as empresas a melhorarem a visibilidade da cadeia de suprimentos e a tomar decisões mais rápidas e informadas em caso de ruptura.

Evento

- Comunicação com os stakeholders: as empresas devem comunicar rapidamente os impactos da ruptura a clientes, fornecedores e outros stakeholders;
- Ações de mitigação: as empresas devem tomar medidas para minimizar os impactos da ruptura, como aumentar os estoques ou mudar as rotas de transporte;
- Monitoramento da situação: as empresas devem monitorar continuamente a situação para avaliar os impactos da ruptura e tomar novas medidas, se necessário.

Pós-evento

- Análise dos impactos: as empresas devem realizar uma análise dos impactos da ruptura para identificar as áreas que precisam de melhorias;
- Implementação de ações corretivas: as empresas devem implementar ações corretivas para melhorar a resiliência da cadeia de suprimentos;
- Comunicação com os stakeholders: as empresas devem comunicar aos stakeholders as ações que estão sendo tomadas para melhorar a resiliência da cadeia de suprimentos.

Vale ainda mencionar que os gestores desempenham um papel fundamental na criação de resiliência em suas cadeias de suprimentos em todas as fases. É essencial que eles realizem uma análise minuciosa do contexto de sua organização, levando em consideração sua estrutura, recursos disponíveis e objetivos estratégicos. Elaborar um conjunto de estratégias mais adequadas deve ser uma prioridade, uma vez que a eficácia dessas estratégias está intrinsecamente ligada à capacidade da empresa de enfrentar eventos disruptivos.

Além disso, é imperativo que essas estratégias sejam aplicadas de maneira holística, abrangendo todos os aspectos da cadeia de suprimentos e considerando suas interconexões. Uma abordagem sistêmica é fundamental para garantir que a resiliência esteja incorporada em todos os processos e projetos da cadeia de suprimentos.

Como destacado por Chen, Xi e Jing (2017), a integração eficaz dessas estratégias de resiliência em toda a organização e sua cadeia de suprimentos não apenas fortalecerá a capacidade de resposta a eventos críticos, mas também uma posição mais competitiva e adaptável em um ambiente em constante evolução. Portanto, a busca contínua pela excelência na gestão de riscos e resiliência é essencial para o sucesso e a longevidade das empresas no cenário atual.

Pontos-chave

- As rupturas de cadeia de suprimentos podem ser causadas por eventos negativos ou positivos;
- As empresas devem estar preparadas para possíveis rupturas realizando um planejamento e implementando medidas de mitigação de riscos;
- O aprendizado é um fator crítico para a criação de resiliência da cadeia de suprimentos;
- Para cada etapa de uma ruptura, as empresas podem adotar estratégias ou conjunto de práticas/ações que têm como objetivo trazer maior resiliência.

Questões para reflexão

- Quais são os principais riscos a que a minha cadeia de suprimentos está exposta?

- Quais são as ações que eu posso tomar para mitigar esses riscos?
- Como eu posso melhorar a comunicação com os stakeholders em caso de ruptura?
- Como eu posso aprender com as experiências passadas para melhorar a resiliência da minha cadeia de suprimentos?

2.5 Modelo ou modelos de resiliência em cadeias de suprimentos?

Todas as organizações podem entregar resultados melhores.
(Jim Collins)

Para Christopher e Peck (2004), resiliência significa a capacidade de a empresa poder retornar ao seu estado original ou avançar para um novo estado desejável após o estado original ser perturbado. Tal definição é uma entre centenas, não havendo consenso entre os autores; no entanto, nenhuma definição é melhor que a outra, pois cada situação exige aspectos diferentes de resiliência.

Nesse sentido, acaba sendo mais importante cobrir três perguntas práticas: do quê? Para quê? E como? Para Wied, Oehmen e Welo (2020), é possível considerar essas três perguntas com a seguinte sequência:

Fluxograma 1 – Três perguntas práticas. Resiliência de quê? De função, estado ou estruturas — que são resilientes a que tipo de situação? A interrupções, mudanças, eventos e danos — que são resilientes sob qual abordagem? Recuperação, absorção, adaptação e reação

Fonte: o autor

A resiliência é multidimensional e multidisciplinar em sua natureza, não podendo ser considerada de forma isolada e estática, o que contribui para a diversidade de definições e falta de consenso. Para tentar reduzir essa dificuldade de definições, podemos pensar na resiliência dentro do contexto de cadeia de suprimentos valendo-nos da definição de Cadeia de Suprimentos Resiliente de Chowdhury e Quaddus (2016) "A capacidade de uma cadeia de suprimentos para evitar interrupções e reduzir o impacto das interrupções através do desenvolvimento do nível de prontidão necessário, capacidade de resposta e recuperação rápidas".

De acordo com Thomas, A., Byard, P., Francis, M., Fisher, R. e White, G. R. T. (2016), muitos modelos de resiliência estão focados na aplicação de uma abordagem de paradigma único. Isso reforça a ideia de que, para alcançar a resiliência da cadeia de suprimentos, a empresa deve optar por um modelo pronto (ou seja, aplicação ou Six Sigma, Lean etc.), em vez de criar um modelo integrado próprio que englobe efetivamente o elementos-chave de várias estratégias em uma estrutura/*framework* que contemple as especificidades da organização e de sua cadeia de suprimentos. Os autores também apontam as falhas dos modelos teóricos que não consideram a discussão de como aplicar os *frameworks*, que focam apenas o nível estratégico e sem vínculo com os níveis táticos e operacionais.

> A adoção de um modelo multiestratégia permite que as empresas combinem diferentes abordagens, tais como:
> - Abordagem proativa: a empresa prepara-se para possíveis rupturas identificando os riscos e implementando medidas de mitigação;
> - Abordagem reativa: a empresa reage rapidamente às rupturas tomando medidas para minimizar os impactos;
> - Abordagem híbrida/simultânea: a empresa combina a abordagem proativa e reativa, buscando um equilíbrio entre prevenção e reação.

Rasouli (2019) complementa a crítica ressaltando o grande foco dado a modelos matemáticos, que não se atentam às questões da vida real relacionadas à complexidade da governança colaborativa das operações e negligenciam aspectos comportamentais e sociais. Para Dubey *et al.* (2019), repertórios comportamentais que apoiam a confiança (qualidade de informação, compartilhamento e cooperação) permitem que os parceiros trabalhem juntos para mitigar o risco aumentando a resiliência. Além disso, para A. Ali, Mahfouz e Arisha (2017) e Thomas, A., Byard, P., Francis, M., Fisher, R. e White, GRT. (2016), as empresas precisam apresentar modelos multiestratégia e aplicar modelos combinados para aumentar a resiliência e a sustentabilidade das cadeias de suprimentos.

Quando abordam a sustentabilidade, os autores focam a continuação do negócio em longo prazo e os impactos das organizações no meio ambiente. Segundo Lim-Camacho *et al.* (2017), todas as cadeias de suprimentos serão afetadas pelas mudanças climáticas e por eventos cada vez mais frequentes e, caso elas não tenham ações planejadas antes, durante e pós-evento, elas correm o risco de ter sua resiliência da cadeia de suprimentos reduzida.

Portanto, modelos engessados, que não se atualizam, não se aperfeiçoam ou que se fixam em somente um tipo de evento são propensos a deixar as organizações na mão quando surgem problemas diferentes daqueles com que a empresa conta. Nesse sentido, combinar modelos e referências pode ser muito mais útil para elaborar um modelo de resiliência que sintetize as necessidades da instituição. Para isso, é necessário conhecer a fundo cada aspecto relevante para a resiliência da cadeia de suprimentos. Este é o tema do próximo item, no qual falaremos dos constructos de resiliência.

Pontos-chave

- A resiliência da cadeia de suprimentos é um conceito multidimensional e multidisciplinar, que não pode ser considerado de forma isolada e estática;
- As empresas precisam apresentar modelos multiestratégia e aplicar modelos combinados para aumentar a resiliência e sustentabilidade das cadeias de suprimentos;

- Os facilitadores e as barreiras levam as empresas a terem um tipo de estratégia proativa, reativa ou mista, que projeta um conjunto de práticas a ser adotado.

Questões para reflexão

- Quais são os fatores que podem afetar a resiliência da minha cadeia de suprimentos?
- Quais são os modelos de resiliência que podem ser aplicados na minha empresa?
- Quais são as práticas que podem ser adotadas para aumentar a resiliência da minha cadeia de suprimentos?

2.6 Os constructos de resiliência

> *Uma decisão só se torna eficaz quando os comprometimentos com a ação são incluídos na decisão desde o início.*
> *(Peter Drucker)*

Para Kochan e Nowicki (2018) e MacDonald *et al.* (2018), as pesquisas sobre resiliência e amplamente estudadas nos últimos 20 anos ainda estão carentes de mapeamento, criação e relacionamento dos constructos-chave de resiliência. Para identificá-los, foi realizada uma revisão sistemática da literatura à procura dos constructos mencionados pelos principais pesquisadores de cadeia de suprimento, que foram organizados em palavras-chave.

Em seguida, as palavras mais citadas foram agrupadas de acordo com o método de taxonomia, com grupos e subgrupos. A formulação dos constructos tem como objetivo evitar ambiguidade e vários significados para um mesmo termo, facilitando a construção do tema. Caso você não seja familiarizado com o que é um constructo, no contexto da pesquisa científica, trata-se de uma variável abstrata ou conceito teórico que é definido e medido com base em observações de comportamento, opiniões ou outras manifestações, já que não pode ser medido, por exemplo, em números.

A Tabela 1 a seguir relaciona os constructos aos autores que os mencionam em suas pesquisas.

Tabela 1 – Principais constructos de resiliência

Constructos	1	2	3	4	5	6	7	8	9	10	11	12
Chowdhury e Quaddus (2016)					X			X	X			
Dabhilkar Mandar, Seyoum Eshetu Birkie e Matti Kaulio. (2016)	X	X			X		X	X				
Hosseini Seyedmohsen e Al Khaled Abdullah (2016)		X										
Lam e Bai (2016)			X			X		X				
Mandal, S., Sarathy, R., Korasiga, VR, Bhattacharya, S. e Dastidar, SG. (2016)	X	X	X	X								
Purvis, L, Spall, S., Naim, M. e Spiegler. (2016)	X	X					X	X	X			
Rajesh (2016)			X	X		X	X	X				
THOMAS, A., Byard, P., Francis, M., Fisher, R. e White, GRT. (2016)	X	X			X			X	X		X	X
Ali, Mahfouz e Arisha (2017)		X			X						X	
Ali, Mahfouz e Arisha (2017)		X			X			X	X	X	X	
Brusset e Teller (2017)	X						X	X	X	X	X	
Chowdhury e Quaddus (2017)	X	X						X	X	X		
Datta (2017)			X					X	X			
Ivanov (2017)	X						X	X	X			
Jain, V., Kumar, S., Soni, U. E Chandra, C. (2017)	X	X	X	X					X	X		X

Constructos	1	2	3	4	5	6	7	8	9	10	11	12
Lücker e Seifert (2017)		X							X			
Papadopoulos Thanos, Gunasekaran Angappa, Rameshwar Dubey, Nezih Altay, Stephen J. Childe, Samuel Fosso-Wambal. (2017)	X	X	X	X			X	X				X
Rajesh (2017)	X	X	X		X		X	X	X		X	
Altay, N., Gunasekaran, A., Dubey, R. e Childe, SJ (2018)	X	X										
Gunessee, Subramanian e Ning (2018)	X	X						X	X			
Ivanov (2018)	X				X		X	X	X			
Kochan e Nowicki (2018)	X	X	X	X	X		X			X		
Lima, F.R.P.d., Da Silva, A.L., Godinho Filho, M. e Dias, E.M. (2018)	X	X	X	X				X	X			X
Liu, Chiung-Lin & Shang, Kuo-Chung & Lirn, Taih-Cherng & Lai, Kee-Hung & Lun, Y.H. Venus (2018)		X			X				X		X	
Mancheri, Nabeel A. Benjamin Sprecher, Sebastiaan Deetman, Steven B. Young, Raimund Bleischwitz, Liang Dong, René Kleijn, Arnold Tukker (2018)	X	X										
Namdar, J., Li, X., Sawhney, R., & Pradhan, N. (2018)	X		X	X				X				
Singh, R. K., Gupta, A. e Gunasekaran, A. (2018)					X	X	X	X	X	X	X	X
Aboah, J., Wilson, M. M. J., Rich, K. M. e Lyne, M. C. (2019)	X	X	X			X						

Constructos	1	2	3	4	5	6	7	8	9	10	11	12
Aggarwal e Srivastava (2019)			X		X	X	X	X				
Chowdhury e Quaddus (2019)	X		X	X					X			
Hecht AA, Biehl E, Barnett DJ, Neff RA (2019)							X	X	X			
Ivanov, D.; Dolgui, A. e Sokolov, B. (2019)												X
Rasouli (2019)			X					X	X		X	X
Sabahi e Parast (2019)	X	X	X		X							
Ekanayake, E. M. A. C.; Shen, G. Q. P. e Kumaraswamy, M. M. (2020)	X	X	X				X	X		X		

Legenda

1. Flexibilidade
2. Agilidade
3. Colaboração
4. Visibilidade
5. Cultura de inovação e conhecimento
6. Medição de indicadores e desempenho
7. Capacidades e recursos
8. Gestão
9. Estratégia
10. Ambiente
11. Processos
12. Tecnologia e ferramentas

Fonte: o autor (2021)

Para facilitar a compreensão sobre cada constructo de resiliência, foi realizada uma síntese de todos os autores com as palavras-chave encontradas no processo de pesquisa e, dentro de cada constructo, com as competências, habilidades ou capacidades que contribuem para gerar resiliência. Esses elementos também são conhecidos como características ou *capabilities*, conforme descrito a seguir.

Flexibilidade: flexibilidade de processo, flexibilidade de resposta, flexibilidade e gestão baseada no tempo, flexibilidade estratégica.

Agilidade: fazem parte da agilidade as habilidades de adaptação, antecipação, recuperação, restauração, absorção, dispersão, adiamento, responsividade.

Colaboração: está descrita de várias formas. Nesse caso, corresponde ao compartilhamento de recursos, de conhecimento, de estratégias e informações sobre riscos; integração entre empresas, governos, sociedade e organizações do terceiro setor (ONGs); qualidade de relacionamento, previsão colaborativa, compartilhamento de riscos e receita, compartilhamento de informações, capacidade tecnológica entre parceiros, colaboração e coordenação entre as partes interessadas.

Visibilidade: a visibilidade da cadeia de suprimentos é composta por um conjunto de ações, destacando-se análise preditiva, visibilidade de mercado, visibilidade do fornecedor, visibilidade tecnológica, construção de cenários.

Cultura: aparece presente de várias formas nos achados; entre elas, cultura organizacional, cultura corporativa, cultura de gerenciamento de riscos e cultura colaborativa, comportamento organizacional, confiança, fatores de suporte de aprendizado, de desenvolvimento e comprometimento, apresentando-se como um fator-chave na criação da resiliência.

Medição de desempenho: pode ser realizada por meio de inúmeros indicadores; entre eles, o financeiro, nos negócios, na cadeia de suprimentos, de sustentabilidade, de resiliência de risco, de operações, sustentável, inovação, medição de barreiras de resiliência, avaliação de andamento de projetos.

Capacidades e recursos: em uma organização, a capacidade e os recursos são importantes fundamentos para o desenvolvimento da resiliência. Essas capacidades aparecem na literatura como segurança e força financeira, capital social, capacidade de investimento, treinamentos dos colaboradores, capacidade de absorção, capacidade dinâmica, capacidade tecnológica, capacidades logísticas, comunicação, conhecimento, coordenação, custos, capacidade de desenvolvimento de produtos, serviços, resiliência, desenvolvimento verde, capacidade de eficiência corporativa, capacidade de inovação, capacidade de integração, capacidade de antecipação, capacidade de preparação, capacidade de robustez, capacidades de adaptação às mudanças climáticas, capacidade de resposta rápida de emergência, capital humano, capacidade de decisão, seleção de fornecedores, capacidade tecnológica, desenvolvimento de fornecedores, capacidade para aprender, mão de obra qualificada e competente, compartilhamento de recursos para recuperação.

Gestão: esse campo é vasto, mas algumas ações são apresentadas como importantes especificamente na construção da resiliência. São elas: gestão de parcerias, fornecedores, gestão da cadeia de suprimentos, gestão de riscos na cadeia de suprimento, gestão da resiliência, gestão de operações humanitárias, gestão de estratégias, gestão de desastres e apoio da alta gerência, definição de liderança e direção, qualidade, marketing, ambidestra, comprometimento, confiança, gerenciamento de interrupção, gerenciamento de operações, gestão da informação, gestão de nível de serviço, autoliderança, gestão por competências, gestão de inventários, gestão ambiental, gestão de desempenho, gestão de reputação, gestão de sustentabilidade, gestão de governança, resiliência da equipe, gestão de fornecedores, gestão enxutas, gestão ágeis, construção de equipe e liderança, gerenciamento de receita, equipes multifuncionais, gestão Lean, compromisso da alta administração.

Estratégia: as empresas apresentam inúmeras estratégias na criação da resiliência. Algumas delas são de fabricação e desenvolvimento de novos produtos, estratégias de enfrentamento, estratégicas concorrentes, estratégias de gerenciamento de mudanças, estratégias orientadas a dados, estratégias de desenho da cadeia de suprimentos, reengenharia da cadeia de suprimentos, reconfigurabilidade de sistemas, redundância de estoques, infraestrutura, localização, seguro, estratégia de tecnologia da informação, decisões e contratos de fornecimento, tratamento de *trade-offs*, orientação da cadeia de suprimentos, certificações e internacionalização.

Ambiente: fazem parte desse constructo posição de mercado, sustentabilidade, política energética, inovação sustentável, políticas de gestão do meio ambiente, política de bioenergia, políticas de propensão ao risco, resiliência a desastres, resiliência à inovação, resiliência da cadeia, resiliência da comunidade, resiliência social, resiliência socioecológica, sensibilidade do mercado, apoio governamental e formulação de políticas, colaboração público-privada.

Processos: otimização, integração, manufatura ágil, manufatura aditiva, manufatura baseada em nuvem, processos Lean.

Tecnologia e ferramentas: o uso de tecnologia e ferramentas tem sido fundamental na criação da resiliência, e destacam-se as ferramentas de *big data*, *blockchain*, ciência de dados, inteligência artificial, indústria 4.0, internet, manufatura aditiva, modelagem, ciclo adaptativo, tecnologia da informação, *e-business*, veículos elétricos, sistemas de suporte à decisão.

Todos esses constructos representam os pilares da resiliência nas cadeias de suprimentos e fornecem às organizações uma base sólida para enfrentar eventos disruptivos e garantir operações contínuas e eficazes.

Agora que compreendemos os principais aspectos relacionados à resiliência, seus constructos e capacidades, estamos prontos para explorar o conceito de maturidade em cadeias de suprimentos. Vamos aprofundar nosso conhecimento nessa área para entender como a maturidade desempenha um papel crucial na gestão eficaz das cadeias de suprimentos. Isso nos permitirá desenvolver uma visão abrangente sobre como equilibrar resiliência e maturidade para enfrentar os desafios complexos das operações de fornecimento.

Pontos-chave

- A importância da flexibilidade, da agilidade e da colaboração. Essas características permitem que as empresas se adaptem rapidamente a mudanças inesperadas e trabalhem em conjunto para superar desafios;
- A necessidade de visibilidade e cultura de resiliência. A visibilidade da cadeia de suprimentos é essencial para identificar e mitigar riscos. Uma cultura de resiliência, por sua vez, cria um ambiente em que todos estão comprometidos em superar desafios;
- A importância da medição de desempenho. O monitoramento do desempenho da cadeia de suprimentos permite que as empresas identifiquem áreas que precisam de melhorias;
- A necessidade de capacidades e recursos. As empresas precisam ter recursos suficientes para se recuperar de eventos disruptivos;
- A importância da gestão, da estratégia e do ambiente. Gestão, estratégia e ambiente externo também podem influenciar a resiliência da cadeia de suprimentos.

Questões para reflexão

- Como as empresas podem melhorar sua flexibilidade, agilidade e colaboração?
- Como as empresas podem aumentar a visibilidade e a cultura de resiliência?
- Como as empresas podem medir a resiliência da sua cadeia de suprimentos?
- Como as empresas podem garantir que tenham as capacidades e os recursos necessários para se recuperarem de eventos disruptivos?

- Como as empresas podem alinhar sua gestão, estratégia e ambiente com a resiliência?

3

MATURIDADE EM CADEIAS DE SUPRIMENTOS

> *Planejamento de longo prazo não lida com decisões futuras, mas com um futuro de decisões presentes.*
> *(Peter Drucker)*

No trabalho realizado por Frederico e Martins, a maturidade em cadeias de abastecimento é brevemente apresentada como sendo "A maturidade aumenta com a evolução das práticas implementadas e tecnologias utilizadas para gerir um abastecimento" (Frederico e Martins, 2012). Oliveira (2009), por sua vez, não fornece uma definição de maturidade, mas explica o que são os modelos de maturidade nas cadeias de suprimentos, o que cabe trazer na íntegra:

> Os modelos de maturidade oferecem uma maneira de traçar um caminho para melhorar os processos em diferentes níveis de maturidade. Assim, visando a melhoria contínua dos processos, os modelos de maturidade auxiliam na definição de metas, determinando o atual estágio de maturidade de uma empresa e determinando os itens considerados mais críticos a serem desenvolvidos para que ela possa atingir níveis mais elevados de maturidade. (Oliveira, 2009, p. 17).

Outra definição possível para maturidade da cadeia de suprimentos é "modelo em etapas para a evolução de um estado inicial para um avançado, que forma um caminho para boas práticas em cadeias de suprimentos. Suprimentos em um ciclo de melhoria contínua, de autoavaliação e adaptação" (Bvuchete, Grobbelaar e Van Eeden, 2018).

No já mencionado *Vencedoras por opção*, alguns dos exemplos de empresas que conseguiram prosperar em ambientes desafiadores comentados pelos autores utilizaram uma receita chamada EMC, que significa Específico, Metódico e Consistente. Trata-se de um conjunto de práticas duradouras que gera uma fórmula de sucesso replicável e consistente. Um exemplo é o modelo da Southwest Airlines, companhia aérea norte-americana que utiliza um único modelo de avião para otimizar todo o seu processo, desde a manutenção facilitada a equipes preparadas para todas as aeronaves da empresa (Collins e Hansen, 2018). Ou seja, essas empresas possuíam um modelo de resiliência bastante estruturado que serviu como base para elas sobreviverem a conjunturas hostis.

Além dos constructos de resiliência explicados no capítulo anterior, há um outro elemento a ser considerado na construção de modelos de maturidade: as dimensões que a resiliência deve englobar. Em nossa revisão da literatura, foram identificadas diversas dimensões, cuja maioria estava alinhada com o modelo de Frederico e Martins (2012) e que friso a seguir, em negrito:

- **Custos**: está associada ao nível de custos e estoques da cadeia de suprimentos, à **política de estoque e ao giro de estoque**;
- **Clientes**: está associada ao foco dado aos clientes dentro da gestão da cadeia, bem como ao nível de satisfação dos clientes;
- **Processos**: refere-se a formalização, integração, estruturação dos processos dentro da cadeia; **planejamento, programação, execução, controle, correção e padronização**;
- **Tecnologia e ferramentas**: está associada à existência de sistemas de informação e ferramentas para apoio à gestão da cadeia, como ferramentas estatísticas para previsão de demanda e sistemas de informação para gestão da cadeia, **planejamento de vendas e operações, planejamento**

colaborativo, previsão e reabastecimento, inventário gerido pelo fornecedor, informação e decisões baseadas em evidências;

- **Colaboração:** refere-se ao compartilhamento de informações, de ganhos e de recursos entre os membros da cadeia, à comunicação e a outras iniciativas de atuação conjunta dentro da cadeia, como o desenvolvimento de produtos e planejamento, ou seja, **relações benéficas mútuas**;
- **Gestão:** está associada ao nível de excelência na gestão de projetos dentro da cadeia de suprimentos, gestão de riscos; e, também, ao nível de consciência e capacitação de gestão de cadeia de suprimentos pela equipe de gestão, no nível de **gestão de suprimentos e operações compras, manufatura, armazenagem, distribuição, atendimento ao cliente, gerenciamento do ciclo de vida do produto, *agile*, definição de metas e gestão de ativos**;
- **Medição de desempenho:** está associada à extensão da medição do desempenho da gestão da cadeia de suprimentos;
- **Foco estratégico:** refere-se à intenção estratégica que é dada à gestão da cadeia de suprimentos por parte da empresa-foco da cadeia e por parte de seus membros;
- **Responsividade:** está associada à velocidade com a qual a cadeia de suprimentos responde às mudanças do ambiente, exigindo um atendimento em termos de volume e mix dos produtos fornecidos por ela, ou seja, sua **agilidade**;
- **Recursos:** está associada aos tipos de recursos empregados na cadeia de suprimentos, sendo eles comuns (necessários para execução dos processos dentro da cadeia) e competitivos (geram vantagem competitiva, e são difíceis de ser empregados pelas cadeias concorrentes devido a seus diferenciais). Para isso, é necessário **suporte da alta gerência, foco, liderança e envolvimento**;

- **Ambiente**: refere-se às questões de regulamentação e incentivos de crédito que favorecem o melhor desempenho da cadeia de suprimentos, ou seja, a **sustentabilidade da cadeia de suprimentos**.

Após a atualização das características, habilidades, capacidades e competências de cada dimensão de acordo com a literatura especializada, organizamos a Tabela 2 para mostrar quais dimensões são citadas por cada autor. As referências completas podem ser encontradas na seção "Referências", no fim do livro.

Tabela 2 – Principais constructos de maturidade

Dimensão / autor	1	2	3	4	5	6	7	8	9	10	11
Benmoussa, R., Abdelkabir, C., Abd, A. and Hassou, M. (2015)			X			X	X				
Dosavljevic et al. (2016)		X		X		X		X			
Gang Wang, Angappa Gunasekaran, Eric W.T. Ngai, Thanos Papadopoulos. (2016)					X		X				X
Tontini, G., de Carvalho, L.C., Schlindwein, N.F.d.C. e Tomarevski, V. (2016)	X		X	X			X				
Domingues, Sampaio e Arezes (2016)			X	X	X				X		
Fischer, Jan-Hendrik. Antônio Márcio T. Thomé, Luiz Felipe Scavarda, Bernd Hellingrath, Roberto Martins (2016)				X	X		X		X		
Mendes, Paulo, José Eugênio Leal e Antônio Márcio Tavares Thomé (2016)				X		X				X	
Barra e Ladeira (2017)			X				X				X
Asdecker e Felch (2018)			X								
Dissanayake e Cross (2018)					X	X			X		
Miri, Shahabi e Asadipour (2019)			X	X				X			
Yahiaoui, S., Fedouaki, F. e Mouchtachi. (2019)			X								
Frederico, G. F., Kumar, V., Garza-Reyes, Ja, Kumar, A. E Agrawal, R. (2021)				X		X	X	X			

Legenda:		
1. Custos	4. Tecnologia e ferramentas	7. Medição de desempenho	10. Recursos
2. Clientes	5. Colaboração	8. Foco estratégico:	11. Ambientes
3. Processos	6. Gestão	9. Responsividade	

Fonte: o autor (2021)

Ao tomar medidas para melhorar a maturidade da cadeia de suprimentos, as organizações podem melhorar seu desempenho, reduzir custos e aumentar a satisfação do cliente.

No caso específico do modelo de Frederico e Martins (2012), as dimensões identificadas estão alinhadas com os principais componentes da gestão da cadeia de suprimentos; as dimensões de custos, clientes, processos, tecnologia e ferramentas, colaboração, gestão e medição de desempenho são essenciais para seu gerenciamento.

As dimensões de foco estratégico, responsividade, recursos e ambiente também são importantes. O foco estratégico ajuda a garantir que a cadeia de suprimentos esteja alinhada com os objetivos estratégicos da organização e a responsividade a garantir que a cadeia de suprimentos possa responder às mudanças do ambiente. A atenção aos recursos, por sua vez, garante que a cadeia de suprimentos tenha os recursos necessários para funcionar de forma eficaz. Ambiente, por fim, diz respeito a garantir que a cadeia de suprimentos esteja operando em um ambiente favorável.

Ao avaliar a maturidade da cadeia de suprimentos, deve-se considerar todas as dimensões do modelo. Isso ajudará a identificar áreas de melhoria e desenvolver um plano de ação eficaz. É crucial notar que essas dimensões não são mutuamente excludentes; uma cadeia de suprimentos pode ser eficaz em todas as dimensões ao mesmo tempo. No entanto, é possível que uma cadeia de suprimentos seja eficaz em algumas dimensões e não em outras.

Neste capítulo, exploramos o conceito fundamental de maturidade em cadeias de suprimentos e seu impacto no desempenho organizacional. A maturidade não é apenas uma medida de quão bem uma cadeia de suprimentos está operando, mas também uma estrutura para aprimorar processos, reduzir custos e elevar a satisfação do cliente. Vimos que o modelo proposto por Frederico e Martins (2012) enfatiza dimensões fundamentais para o sucesso da gestão da cadeia de suprimentos, como custos, clientes, processos, tecnologia, colaboração e medição de desempenho.

Além disso, as dimensões de foco estratégico, responsividade, recursos e ambiente também desempenham papéis consideráveis na maturidade da cadeia de suprimentos. Elas são cruciais para alinhar a cadeia de suprimentos com os objetivos estratégicos, garantir a capacidade de resposta às mudanças no ambiente, garantir recursos adequados e operar em um ambiente favorável. Avaliar o status da cadeia de suprimentos é um passo fundamental para identificar oportunidades de aprimoramento.

No próximo capítulo, adentraremos o mundo dos modelos de maturidade e resiliência em cadeia de suprimentos, onde exploraremos como as organizações podem não apenas melhorar a maturidade de suas cadeias de suprimentos, mas também enfrentar desafios inesperados.

Pontos-chave

- A importância de um modelo de maturidade. Um modelo de maturidade fornece uma estrutura para avaliar o desempenho da cadeia de suprimentos e identificar áreas de melhoria;
- A necessidade de uma abordagem holística. A maturidade da cadeia de suprimentos é um fenômeno holístico, que envolve todas as partes interessadas da cadeia;
- A importância da melhoria contínua. A maturidade da cadeia de suprimentos é um processo contínuo de melhoria;
- As dimensões de maturidade em cadeia de suprimentos: custos, clientes, processos, tecnologia e ferramentas, colaboração, gestão, medição de desempenho, foco estratégico, responsividade, recursos e ambiente.

Questões para reflexão

- Como escolher o modelo de maturidade certo para a sua organização?

- Como avaliar o desempenho da sua cadeia de suprimentos de forma holística?
- Como as dimensões podem ajudar o gestor a compreender melhor a cadeia de suprimentos?
- Como implementar um programa de melhoria contínua para a sua cadeia de suprimentos?

4

O MODELOS DE MATURIDADE E RESILIÊNCIA EM CADEIA DE SUPRIMENTOS

Pesquisando a literatura sobre resiliência e maturidade, identificamos semelhanças em algumas dimensões e, também, nas características das dimensões que não estavam sendo consideradas como tais. Para elaborar um modelo ligando as duas vertentes, foi realizada uma análise das dimensões por meio de uma revisão bibliográfica e da ocorrência das palavras-chave nos textos estudados. Para tanto, utilizamos a abrangência de cada palavra, assimilando suas características por meio de cores para ligar maturidade e resiliência, como podemos ver na Figura 3.

Figura 3 – Modelo de maturidade e modelo de resiliência

MODELO DE MATURIDADE	MODELO DE RESILIÊNCIA
AMBIENTES	AGILIDADE
CLIENTES	AMBIENTE
COLABORAÇÃO	CAPACIDADES E RECURSOS
CUSTO	COLABORAÇÃO
FOCO ESTRATÉGICO	CULTURA DE INOVAÇÃO E CONHECIMENTO
GESTÃO	ESTRATÉGIA
MEDIÇÃO DE DESEMPENHO	FLEXIBILIDADE
PROCESSOS	GESTÃO
RECURSOS	MEDIÇÃO DE INDICADORES E DESEMPENHO
RESPONSIVIDADE	PROCESSOS
TECNOLOGIA E FERRAMENTAS	TECNOLOGIA E FERRAMENTAS
	VISIBILIDADE

Fonte: o autor (2021)

Destacamos alguns pontos específicos sobre o modelo:

- A combinação de maturidade e resiliência é uma abordagem inovadora. A maturidade da cadeia de suprimentos é geralmente definida como o grau de sofisticação e eficiência com que a cadeia é gerenciada. A resiliência da cadeia de suprimentos é a capacidade da cadeia de se adaptar e se recuperar de perturbações. Ao combinar essas duas dimensões, o modelo fornece uma visão mais completa do desempenho da cadeia de suprimentos;

- Um ponto forte do modelo é a incorporação de dimensões e características que são importantes para a maturidade e para a resiliência da cadeia de suprimentos, incluindo agilidade, flexibilidade, colaboração, visibilidade e tecnologia. Isso o torna mais útil para empresas que buscam melhorar o desempenho de suas cadeias de suprimentos;

- A flexibilidade do modelo é outra característica positiva, pois ele permite que as organizações se adaptem às mudanças do ambiente. Isso é importante, porquanto o ambiente das cadeias de suprimentos está em constante mudança.

Após a análise das dimensões, características e síntese dos resultados encontrados, foi elaborado um Modelo de Maturidade e Resiliência (MMR) da cadeia de suprimentos com a união das dimensões e características, conforme apresentado no Quadro 1.

Quadro 1 – Modelo de maturidade e resiliência

Dimensão	Características
Agilidade e Responsividade	Fazem parte da agilidade as habilidades adaptação, antecipação, recuperação, restauração, absorção, dispersão, adiamento, responsividade. Está associada à velocidade com a qual a cadeia de suprimentos responde às mudanças do ambiente, exigindo um atendimento em termos de volume e mix dos produtos fornecidos por ela.
Ambientes	Refere-se às questões de regulamentação e incentivos de créditos que favorecem o melhor desempenho da cadeia de suprimentos, e à sustentabilidade da cadeia de suprimentos.

Dimensão	Características
Capacidades e Recursos	Está associada aos tipos de recursos empregados na cadeia de suprimentos, sendo eles comuns (necessários para execução dos processos dentro da cadeia) e competitivos (geram vantagem competitiva, e são difíceis de ser empregados pelas cadeias concorrentes devido aos seus diferenciais); suporte de alta gerência, foco, liderança, envolvimento. As capacidades e recursos de uma organização são importantes fundamentos para o desenvolvimento da resiliência; essas capacidades aparecem na literatura como segurança e força financeira, capital social, capacidade de investimento, treinamentos dos colaboradores, capacidade de absorção, capacidade dinâmica, capacidade tecnológica, capacidades logísticas, comunicação, conhecimento, coordenação, custos, capacidade de desenvolvimento de produtos, serviços, resiliência, desenvolvimento verde, capacidade de eficiência corporativa, capacidade de inovação, capacidade de integração, capacidade de antecipação, capacidade de preparação, capacidade de robustez, capacidades de adaptação às mudanças climáticas, capacidade de resposta rápida de emergência, capital humano, capacidade de decisão, seleção de fornecedores, capacidade tecnológica, desenvolvimento de fornecedores, capacidade para aprender, mão-de-obra qualificada e competente, compartilhamento de recursos para recuperação.
Clientes	Está associada ao foco dado aos clientes dentro da gestão da cadeia como também ao nível de satisfação dos clientes.
Colaboração	Refere-se ao compartilhamento de informações, ganhos e de recursos entre os membros da cadeia, comunicação e a outras iniciativas de atuação conjunta dentro da cadeia, como o desenvolvimento de produtos e planejamento; relações benéficas mútuas. Colaboração está descrita de várias formas, e destacamos essa habilidade como em compartilhamento de recursos, compartilhamento de conhecimento, estratégias e informações sobre riscos, integração entre empresas, governos, sociedade e organizações do terceiro setor, chamadas de ONGs, qualidade de relacionamento, previsão colaborativa, compartilhamento de riscos e receita, compartilhamento de informações, capacidade tecnológica entre parceiros, colaboração e coordenação entre as partes interessadas.
Custo	Está associado ao nível de custos e estoques da cadeia de suprimentos, política e giro de estoque.

Dimensão	Características
Cultura de Inovação e Conhecimento	Refere-se a cultura organizacional, cultura corporativa, cultura de gerenciamento de riscos e cultura colaborativa, comportamento organizacional, confiança, fatores de suporte de aprendizado e o desenvolvimento comprometimento apresentando um fator-chave na criação da resiliência.
Foco Estratégico	Refere-se à intenção estratégica que é dada à gestão da cadeia de suprimentos por parte da empresa-foco da cadeia e por parte de seus membros. As empresas apresentam inúmeras estratégias na criação da resiliência; entre elas, as de fabricação e desenvolvimento de novos produtos, de enfrentamento, concorrentes, de gerenciamento de mudanças, orientadas a dados e de desenho da cadeia de suprimentos; reengenharia da cadeia de suprimentos, reconfigurabilidade de sistemas, redundâncias de estoques, infraestrutura, localização, seguro, estratégia de tecnologia da informação, decisões e contratos de fornecimento, tratamento de *trade-offs*, orientação da cadeia de suprimentos, certificações, internacionalização.
Flexibilidade	Refere-se a flexibilidade de processo, flexibilidade de resposta, flexibilidade e gestão baseada no tempo, flexibilidade estratégica.
Gestão	Está associada ao nível de excelência na gestão de projetos dentro da cadeia de suprimentos, gestão de riscos e, também, ao nível de consciência e capacitação de gestão de cadeia de suprimentos pela equipe de gestão, gestão de suprimentos e operações compras, manufatura, armazenagem, distribuição, atendimento ao cliente, gerenciamento do ciclo de vida do produto (PLM), *agile*, definição de metas, gestão de ativos.
Medição de Indicadores e Desempenho	Está associada à extensão da medição do desempenho da gestão da cadeia de suprimentos.
Processos	Refere-se a otimização, integração, manufatura ágil, manufatura aditiva, manufatura baseada em nuvem, processos Lean.
Tecnologia e Ferramentas	Associa-se à existência de sistemas de informação e ferramentas para apoio à gestão da cadeia, como ferramentas estatísticas para previsão de demanda e sistemas de informações para gestão da cadeia entre outros, S&OP, CPFR, VMI, informação. decisões baseadas em evidências.

Dimensão	Características
Visibilidade	Refere-se à visibilidade da cadeia de suprimentos, e é composta por um conjunto de ações, destacando-se análise preditiva, visibilidade de mercado, visibilidade do fornecedor, visibilidade tecnológica, construção de cenários.

Fonte: o autor (2021)

O modelo aqui proposto aspira ser um avanço significativo no campo da gestão de cadeias de suprimentos. Ele é abrangente, pois considera uma ampla gama de dimensões e características relevantes para a maturidade e a resiliência da cadeia de suprimentos, e também é flexível, porquanto permite que as organizações se adaptem às mudanças do ambiente.

Para facilitar a compreensão do nível de maturidade e resiliência de uma organização, foi montada a Figura 4, que apresenta as habilidades e capacidades de uma organização e o seu estágio principal:

Figura 4 – Nível de maturidade e resiliência

Fonte: o autor (2021)

O modelo de maturidade leva em consideração os estágios ou níveis de maturidade inicial, intermediário e avançado. O estágio inicial é definido com a aplicação e/ou desenvolvimento de algumas das habilidades citadas, como ter processos bem definidos e tecnologia que auxilie o andamento da cadeia de suprimentos, tal qual exemplificado na figura. No nível intermediário, a empresa já apresenta um domínio de várias habilidades e capacidades que permitem maior responsividade aos eventos. Já no nível avançado, a empresa tem um amplo domínio das habilidades e capacidades que têm grande força como diferencial competitivo no mercado de atuação. A ordem das habilidades não importa, e sim quantas delas a empresa domina, pois o foco está nas necessidades específicas de cada organização.

Considerando o modelo de três estágios limitado para os níveis de complexidade mais recentes da cadeia de suprimentos de nossa realidade, acrescentamos duas etapas entre os níveis, chamadas de pré-intermediário e pré-avançado. O estágio "pré" aparece quando um estágio de maturidade mostra uma tendência de avanço, mas ainda não alcançou o próximo estágio de maturidade, ou avançou pouco em relação ao estágio anterior. É válido reforçar ainda que um mesmo estágio de maturidade de um modelo pode não representar o mesmo grau de maturidade de uma avaliação anterior, já que os modelos de maturidade evoluem conforme o crescimento das habilidades e capacidades da organização de fazer a integração e conexão dos diversos sistemas e tecnologias disponíveis.

Para determinar o nível de maturidade da gestão da cadeia de suprimentos de uma empresa dentro do modelo proposto, é necessário responder a um questionário que aborda as diferentes dimensões da maturidade e resiliência (vamos nos aprofundar nele no próximo capítulo). Cada resposta no questionário classifica o nível de cada dimensão. Esse método qualitativo tem como objetivo facilitar o direcionamento para as áreas — dimensões — que precisam ser melhoradas.

Dessa maneira, a soma total das respostas indica o nível de maturidade da cadeia de suprimentos da empresa. Se, das 14 dimensões, 8 forem classificadas como "avançado", podemos afirmar que a maturidade da cadeia de suprimentos é avançada. Se ocorrer um empate entre dois níveis de maturidade, por exemplo, entre os níveis inicial e intermediário, deve-se considerar a tendência indicada pelas respostas dos participantes.

Se a tendência não for clara e o empate persistir, a recomendação é adotar o nível mais baixo como o nível de maturidade da cadeia de suprimentos, que nesse exemplo seria o inicial. Isso garante uma avaliação conservadora e realista, orientando a empresa para focar as áreas que requerem atenção imediata para melhorar sua maturidade e resiliência.

Os modelos de maturidade são flexíveis; eles estão em constante mutação e adaptação de acordo com a complexidade do ambiente em que se encontra a cadeia de suprimentos. O nível de maturidade está ligado a essa complexidade, a qual influencia a maturidade, ao mesmo tempo que a maturidade influencia a complexidade. Dessa maneira, nosso modelo busca preencher uma lacuna existente, por exemplo, sobre a falta de um modelo claro de resiliência da cadeia de suprimentos capaz de enfrentar uma ameaça global como a covid-19, conforme ressaltado por Golan, Jernegan e Linkov (2020). Sem um modelo adequado, o enfrentamento de crises dessa extensão continuará a ser reativo.

Este capítulo pontuou os diferenciais e avanços significativos do modelo de resiliência proposto no campo da gestão de cadeias de suprimentos. Ao combinar as dimensões de maturidade e resiliência, o modelo oferece uma visão completa do desempenho da cadeia de suprimentos. Ele se sobressai por sua flexibilidade, que permite a adaptação às mudanças ambientais constantes, e pela inclusão de dimensões e características relevantes, como agilidade, colaboração, visibilidade e tecnologia.

O modelo apresenta diferentes estágios de maturidade, indo desde o inicial até o avançado, com etapas intermediárias que refletem o progresso contínuo das habilidades e capacidades da organização. Isso o torna altamente adaptável e alinhado com a complexidade variável das cadeias de suprimentos.

Além disso, o modelo reconhece a interdependência entre maturidade e complexidade, em que o nível de maturidade da cadeia de suprimentos influencia e é influenciado pela complexidade do ambiente. Ao proporcionar uma abordagem proativa em vez de reativa, a resiliência da cadeia de suprimentos torna-se uma ferramenta valiosa para enfrentar ameaças globais como a pandemia de covid-19.

Este capítulo estabeleceu as bases para o próximo, que se aprofundará nos modelos de maturidade e resiliência em cadeias de suprimentos, revelando como essas abordagens podem ser aplicadas para melhorar o desempenho e a adaptabilidade das organizações em um ambiente em constante mudança.

Pontos-chave

- O modelo de maturidade e resiliência da cadeia de suprimentos é um avanço significativo no campo da gestão de cadeias de suprimentos;
- Ele é abrangente, pois considera uma ampla gama de dimensões e características relevantes para a maturidade e a resiliência da cadeia de suprimentos;
- Também é flexível, pois permite que as organizações se adaptem às mudanças do ambiente.

Questões para reflexão

- Como as empresas podem usar o modelo para melhorar o desempenho de suas cadeias de suprimentos?
- Quais são os desafios e oportunidades para a implementação do modelo?
- Como o modelo pode ser adaptado para diferentes tipos de cadeias de suprimentos?

5

A VALIDAÇÃO DO MODELO COM UM ESTUDO DE CASO

O que pode ser medido pode ser melhorado.
(Peter Drucker)

A validação de um modelo com um estudo de caso é um passo primordial para garantir sua confiabilidade. Por isso, fomos a campo para avaliar o impacto de nosso modelo de maturidade no desempenho da cadeia de suprimentos, buscando os dados necessários para compreender o nível de maturidade e resiliência de uma organização real. Escolhemos uma das mais importantes empresas atuantes durante a luta contra a covid-19 no Brasil, o que, por si só, já faz dela um excelente estudo de caso sobre resiliência. Para preservar seus dados e a identidade dos funcionários, aqui a chamaremos de empresa X.

Para a coleta de dados, foram aplicados questionários a seis dos oito principais gestores da empresa. Os questionários podem ser conferidos nos "Apêndices" e abordam as dimensões de resiliência e maturidade estudadas nos capítulos anteriores. No momento seguinte, realizamos entrevistas com gestores da empresa, o que permitiu um aprofundamento das perspectivas e opiniões dos entrevistados sobre as percepções e experiências dos colaboradores da organização em relação à maturidade e à resiliência na cadeia de suprimentos.

Os respondentes representam os principais setores da empresa: produção, pesquisa, suprimentos, logística, comercial e finanças. Para preservar sua privacidade, nenhum deles é identificado por seu nome ou função na empresa X. Os resultados do questionário serão apresentados nos quadros e figuras nos itens a seguir.

5.1 Os questionários

A Tabela 3 traça brevemente o perfil dos gestores entrevistados.

Tabela 3 – Resposta dos questionários da empresa-foco

Cargo	Experiência	Tempo de empresa	Escolaridade
Gerente A	10 a 15 anos	10 a 15 anos	Pós-Graduação
Gerente B	05 a 10 anos	05 a 10 anos	Pós-Graduação
Gerente C	10 a 15 anos	Acima de 15 anos	Pós-Graduação
Gerente D	01 a 05 anos	01 a 05 anos	Pós-Graduação
Coordenador A	05 a 10 anos	05 a 10 anos	Pós-Graduação
Gerente E	05 a 10 anos	Acima de 15 anos	Pós-Graduação

Fonte: o autor (2021)

O ponto seguinte a ser avaliado foi a importância da resiliência para cadeia de suprimentos. A Figura 5 fornece uma análise detalhada sobre a percepção da importância da resiliência nas cadeias de suprimentos, conforme avaliado pelos participantes da pesquisa.

Figura 5 – Modelo de resiliência: importância

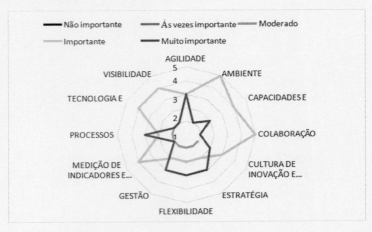

Fonte: o autor (2021)

Nota-se que a resiliência é altamente valorizada, com 56% dos respondentes considerando-a importante; e 33%, muito importante, resultando em uma expressiva maioria de 89% que enfatizam sua relevância.

O uso de um gráfico de radar permite uma visualização multidimensional e clara de como cada aspecto da resiliência é valorizado. Ficam em evidência, em particular, as dimensões de "Colaboração" e "Ambiente", que predominam entre as respostas como as mais valorizadas. A dimensão "Colaboração" ressalta a necessidade de uma comunicação eficaz e trabalho conjunto entre todos os elos da cadeia, enquanto "Ambiente" sublinha a importância da gestão de fatores externos e regulatórios que podem afetar as operações.

Esse gráfico não apenas ilustra a importância atribuída a cada dimensão, mas também orienta as organizações sobre quais áreas podem requerer atenção prioritária para reforçar a capacidade de resistir e se recuperar de perturbações, garantindo assim a continuidade e eficiência dos processos logísticos.

Apenas mostrar que a resiliência é importante para a instituição pode ser muito vago ou sem conexão com ações práticas. Por isso, os gestores também responderam sobre a frequência com que veem as características/*capabilites* de resiliência em ação na cadeia de suprimentos da empresa X. Os resultados mostram que 51% responderam que veem com frequência; e 36% responderam que sempre, totalizando 88%. Portanto, destaca-se a dimensão "Ambientes", que foi a dimensão que mais apareceu de forma positiva nas respostas (Figura 6).

Figura 6 – Modelo de resiliência: frequência

Fonte: o autor (2021)

Os gestores também avaliaram o estágio de maturidade da cadeia de suprimentos e classificação como **intermediário**. Com base nas respostas, 53% das dimensões são classificadas como intermediárias; e 36% como pré-avançadas, conforme representado na Figura 7.

Figura 7 – Modelo de maturidade: estágios

Fonte: o autor (2021)

Após os gestores responderem sobre a importância e frequência e classificarem a maturidade, seguiu-se para o nível de maturidade e resiliência do modelo proposto e suas dimensões, classificados como **intermediários**, com 55% das respostas; 36% classificaram-no como pré-avançado. Destacaram-se as dimensões "Custo", "Foco estratégico" e "Processos", conforme a Figura 8.

Figura 8 – Modelo de maturidade e resiliência

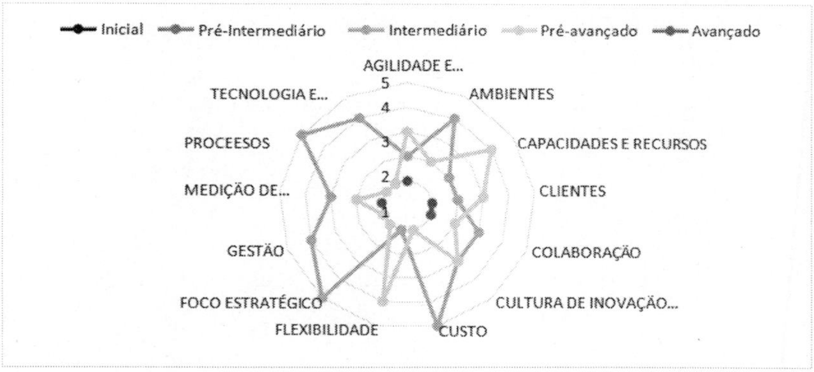

Fonte: o autor (2021)

Os resultados obtidos do questionário revelaram insights pertinentes. A maioria dos respondentes considerou a resiliência na cadeia de suprimentos importante. Além disso, os gestores relataram a frequência com que observam as características e capacidades de resiliência em ação na cadeia de suprimentos; a maioria (88%) afirmou frequentemente ver essas características em ação, sobressaindo-se a dimensão de ambientes.

É necessário mencionar que a empresa do estudo de caso havia realizado a aplicação do questionário cinco anos antes da atual pesquisa e ficou classificada no estágio intermediário. O modelo de maturidade atual manteve o estágio na nova aplicação, mas avançou para o estágio pré-avançado em várias dimensões individualmente. Isso demonstra que os esforços para elevar a maturidade têm trazido resultados, de modo que se fazem presentes no trabalho de aperfeiçoamento da empresa dois componentes essenciais abordados por Jim Collins e Morten T. Hansen (2018), a disciplina e a constância.

Esse primeiro momento do estudo de caso forneceu evidências que apoiam a validação do modelo de maturidade e resiliência em cadeias de suprimentos, demonstrando sua utilidade e relevância em um cenário real de uma empresa que teve significância notável durante a pandemia. Os resultados também colocaram em evidência as dimensões-chave que influenciam a maturidade e a resiliência da cadeia de suprimentos, fornecendo insights valiosos para a melhoria do desempenho da cadeia de suprimentos em situações desafiadoras. Com essa base estabelecida, podemos agora discutir as entrevistas.

Pontos-chave

- O estudo de caso envolveu seis dos oito principais gestores da empresa X, uma das mais importantes empresas atuantes durante a luta contra a covid-19 no Brasil;
- Os resultados do estudo de caso mostraram que a empresa X considera a resiliência como importante para a cadeia de suprimentos;
- Os gestores relataram que as características/capacidades de resiliência estão frequentemente em ação na cadeia de suprimentos da empresa X.

Questões para reflexão

- O que os resultados do estudo de caso indicam sobre a validade do modelo de maturidade e resiliência da cadeia de suprimentos?
- Quais são as implicações dos resultados do estudo de caso para as empresas que buscam melhorar a resiliência de suas cadeias de suprimentos?

5.2 Achados das entrevistas

> *Fazer as coisas certas é mais importante*
> *do que fazer as coisas direito.*
> *(Peter Drucker)*

Após a realização e leitura inicial dos resultados das entrevistas com os colaboradores da empresa X, o passo seguinte foi sua codificação em relação às dimensões de maturidade e resiliência, que foi dividida com base em:

- Tema: Maturidade e Resiliência;
- Palavras-chave ou palavras-tema.

A Figura 9 mostra as codificações e sua presença no material. Magnitude, nesse caso, significa a quantidade de ocorrências daquela palavra-chave ou palavra-tema na literatura pesquisada.

Figura 9 – Codificação

Nome	Magnitude
Agilidade	90
Agilidade e Reponsividade	15
Ambientes	0
Capacidades e Recursos	52
Clientes	57
Colaboração	30
Cultura de inovação e conhecimento	46
Custo	0
Estratégico	20
Flexibilidade	0
Foco estratégico	77
Gestão	0
Indicadores	175
Maturidade	180
Medição de indicadores	0
Processos	175
Resiliência	8
Tecnologia e ferramentas	79
Visibilidade	19

Fonte: o autor (2021)

Fizemos então o vínculo das respostas com o impacto positivo ou negativo, sintetizado nos quadros a seguir. O impacto positivo refere-se a tudo que aumenta ou traz vantagem competitiva para empresa; e negativo, a tudo que diminui e/ou traz desvantagem, sempre em relação à maturidade e à resiliência. Essas informações foram resumidas em quadros que serão detalhadas no próximo tópico e vinculadas às respectivas dimensões.

O Quadro 2 a seguir apresenta os resultados brutos obtidos. As letras J0, J02, J03, J04, J05 representam cada um dos participantes da pesquisa e são utilizadas para manter seu anonimato.

Quadro 2 – Impacto nas dimensões

Códigos	Positivo	Negativo
Agilidade e Responsividade	*"É o não uso de uma plataforma específica de aquisição. Uma das coisas que a empresa faz bem é diversificar a forma de aquisição. Olhar mercado local, fazer importação, seguir formas diferentes de interação com fornecedores em locais diferentes para, quando existem problemas, tentar achar opções de soluções, e não simplesmente entender que a única possibilidade é fornecimento para o mercado local" (J02).*	*Não citado.*
Ambientes	*"A gente tinha iniciativas como estoque mínimo, que a gente mantinha usando uma inteligência interna de avaliação do histórico" (J02).*	*Não citado.*
Capacidades e Recursos	*"Foi por causa da pandemia que a gente conseguiu atuar e entregar produtos que ajudaram no contexto de saúde pública, e nos permitiram proteger financeiramente e atuar inclusive com maior dinamismo financeiro nesse momento" (J02).* *"Foi a contratação de pessoas qualificadas, o apoio na formação e a autonomia" (J05).*	*"A questão dos recursos: eu acho que devíamos investir mais, nesse sentido, para melhorar nossa estrutura" (J01).*

Códigos	Positivo	Negativo
Clientes	"Em relação aos nossos clientes, a gente sempre também buscou de forma efetiva realizar um bom serviço em termos logísticos. A gente teve muito pouca ou nenhuma reclamação em termos de entregas ou de questão de manutenção de temperatura, de transporte" (J01).	Não citado.
Colaboração	"Então, acho que a empresa está bem alinhada com isso, e investindo também nessa interação e colaboração entre os clientes. Clientes aqui que eu falo, somos nós internos, não externos. E tentando sempre manter essa proximidade, essa colaboração, essa interação com setor. Para de alguma forma, processos e procedimentos possam ser ajustados internamente no setor, usando as ferramentas e tecnologias, trazendo mais responsividade" (J04).	"Eu vejo que antes a gente tinha essa colaboração em algum nível, mas eu acho que ainda é pouco. Acho que a empresa conseguiria ainda ter uma rede de colaboração maior" (J01).
Cultura de inovação e conhecimento	"Acho que o aprendizado que nós tivemos vai reforçar as ações e as práticas que nós já tínhamos e aprimoramos durante a pandemia, e eu acho que isso vai proporcionar que a nossa equipe logística consiga inovar nesse sentido com novas ações, com novas práticas, com uma outra visão de cenário que nós nunca tínhamos enfrentado antes, algo de uma dimensão mundial que afetou todas as empresas do mundo inteiro" (J01). "É dar importância para a gestão, dar importância para a organização de processos. É pensar nesse aprimoramento, a gente tem ansiedade, que quer que elas aconteçam na próxima semana, mas mudança de processo, mudança de cultura e aprimoramento de gestão não é a curto prazo, é médio-longo prazo" (J02).	Não citado.
Custo	"Eu acho que a empresa está bastante comprometida com o foco estratégico que retorne responsividade, e que também não deixa de olhar o custo efetivo dos procedimentos" (J04).	"Um ponto que a gente tem alto por conta do nosso tipo de cadeia de suprimentos" (J01).

Códigos	Positivo	Negativo
Foco Estratégico	"Uma das iniciativas que a gente começa há pouco tempo é começar a construir uma lógica de acompanhamento de ações em todos os setores, de uma forma institucional" (J02).	
Flexibilidade	"É uma diversidade de fornecedores. Uma das coisas que a gente tenta fazer, e que a empresa tenta fazer, é diminuir a dependência de fornecedores únicos, e tentar perceber quais são aquelas iniciativas que podem ter múltiplos fornecedores, obviamente atendendo uma mesma qualidade" (J02).	Não citado.
Gestão	"Foi o planejamento, que foi fundamental para a gente se preparar, o cuidado com os estoques, as compras antecipadas, as compras programadas, o contato com vários fornecedores. A gestão, de uma forma geral" (J01).	Não citado.
Medição de Indicadores	"A medição também ajuda. Eu penso que todas as medições que vocês fazem e buscam indicadores de melhoria de atendimento, melhoria dos dados, acho que também tem contribuído para esse olhar de amadurecimento" (J01).	Não citado.
Processos	"O meu entendimento: tinham os sistemas cuidando disso, sempre era feito estoque, inventário frequentemente, para verificação do sistema de estoque físico, então eu enxergo que nós já tínhamos essa conduta aqui antes da pandemia" (J01).	Não citado.
Tecnologias e Ferramentas	"Uma outra coisa que eu vejo também é o uso de tecnologia, ferramentas e processos. Eu percebo com muita frequência que a instituição tem se aprimorado nesse contexto, e buscando, de formas diferentes e muito criativas, interagir com a equipe para perceber como a equipe está respondendo atividades em aberto" (J02).	"A gente tinha uma dificuldade grande em relação a sistemas, na minha opinião, sistemas que talvez não sejam adequados ou deveriam ser mais customizados para que a gente pudesse ter um maior ganho, uma maior automação dos dados que a gente trabalha" (J01).

Códigos	Positivo	Negativo
Visibilidade	"Hoje eu sinto muita segurança em relação à equipe logística com essas práticas que nós temos e, principalmente, com o engajamento da equipe em manter as coisas andando, e tem sempre esse olhar à frente: 'Olha, está acontecendo tal coisa no cenário global, a gente precisa se atentar a isso'" (J01).	Não citado.
Maturidade	"Uso de alguma tecnologia e ferramenta de sistema no passado ajudou a gente a se organizar; desenhar os processos também tem a contribuir com essa maturidade de como as coisas vão funcionar, de como que a cadeia vai funcionar" (J01).	Não citado.
Resiliência	"Eu vejo que a gente está buscando um leque de outros fornecedores de outras opções. Eu vejo uma antecipação de problemas, eu vejo uma busca por já se cuidar de pontos críticos antes que eles aconteçam, um planejamento prévio. Isso eu acho que é muito importante e muito forte aqui nessas ações" (J01).	"O problema maior que nós tivemos foi a questão [...] muitos problemas que nós tivemos com fornecedores, com qualidade de produto e de fornecedores, e fornecedores esses que eram únicos no mercado ou que eram os únicos a fornecerem aquele insumo específico que nós precisávamos" (J01).

Fonte: o autor (2021)

Os resultados indicam uma série de percepções e experiências dos colaboradores em relação à maturidade e à resiliência na cadeia de suprimentos. Eles enfatizam a importância de conceitos como agilidade, recursos, colaboração, cultura de inovação e conhecimento, foco estratégico, flexibilidade, gestão, medição de indicadores, processos, tecnologias e ferramentas, visibilidade, maturidade e resiliência em suas operações.

- A empresa já apresenta um nível de maturidade e resiliência considerado intermediário, com destaque para as dimensões agilidade, foco estratégico e processos;
- Os colaboradores reconhecem a importância de conceitos como agilidade, recursos, colaboração, cultura de inovação e conhecimento, foco estratégico, flexibilidade, gestão, medição de indicadores, processos, tecnologias e ferramentas, visibilidade, maturidade e resiliência em suas operações;
- A empresa tem tomado iniciativas para melhorar seu nível de maturidade e resiliência, como o uso de tecnologias e ferramentas, o desenvolvimento de uma cultura de inovação e conhecimento e a diversificação de fornecedores.

Em resumo, este capítulo fornece uma análise detalhada e valiosa das percepções e experiências dos colaboradores da empresa X em relação à maturidade e à resiliência da cadeia de suprimentos. Esses insights contribuirão para a compreensão e aprimoramento desses conceitos na empresa e fornecerão apoio essencial para as conclusões e recomendações posteriores.

Pontos-chave

- A empresa X apresenta um nível de maturidade e resiliência considerado intermediário, com destaque para as dimensões agilidade, foco estratégico e processos;
- Os colaboradores reconhecem a importância de conceitos como agilidade, recursos, colaboração, cultura de inovação e conhecimento, foco estratégico, flexibilidade, gestão, medição de indicadores, processos, tecnologias e ferramentas, visibilidade, maturidade e resiliência em suas operações;
- A empresa tem tomado iniciativas para melhorar seu nível de maturidade e resiliência, como o uso de tecnologias e ferramentas, o desenvolvimento de uma cultura de inovação e conhecimento e a diversificação de fornecedores.

Questões para reflexão

- Como a empresa X pode continuar a melhorar seu nível de maturidade e resiliência?
- Quais são os desafios mais importantes que a empresa enfrenta para melhorar sua cadeia de suprimentos?
- Como a empresa X pode melhorar a gestão de sistemas e processos para aumentar a eficiência e a eficácia da cadeia de suprimentos?

5.3 Reflexões sobre os resultados

Com base nos dados obtidos com o estudo de caso sobre o modelo teórico, podemos agora voltar nossa discussão para as proposições que nos guiam acerca do que significa maturidade em cadeia de suprimentos na prática. Elas são as seguintes:

Proposição 1: quanto maior a agilidade da cadeia de suprimentos, menor será o tempo de recuperação e melhor o desempenho da empresa após uma interrupção da cadeia de suprimentos.

Proposição 2: quanto maior o nível de maturidade da empresa e sua cadeia de suprimentos, maior será a resiliência (agilidade e rapidez) da empresa para recuperar-se de um evento de alta complexidade.

Proposição 3: quanto mais rápido for o tempo de recuperação da cadeia de suprimentos, maior será o nível de crescimento e desempenho da empresa após uma interrupção da cadeia de abastecimento.

Para elucidar de onde vêm essas proposições, trago nos Quadros 3 e 4 e na Tabela 4 as respostas das entrevistas dos seis participantes, as quais orientaram as conclusões que fundamentaram o desenvolvimento das proposições.

Quadro 3 – Proposição 1

Entrevistado	*Respostas*
J01	*"Eu fiquei surpresa com a agilidade que nós tivemos na cadeia de suprimentos para o laboratório, a rapidez com que nós conseguimos as coisas e estarmos há um ano dando conta de manter um volume tão alto de abastecimento [...]. A gente viu um pouco mais de dificuldade de transporte desse material e de conseguir esse material. Mas, de novo, a gente não teve parada de nada por conta disso".*
J02	*"É uma das coisas que a gente tem tentado aumentar — isso de forma geral, mas... em suprimentos a gente tem várias iniciativas, e isso só vai ficando maduro ao longo do tempo, hoje em dia existe essa iniciativa dentro do setor de suprimentos, para que a gente possa aumentar a nossa eficiência, agilidade e atendimento, criar essa cultura de atendimento [...]. No pós-pandemia, ela vai ter mais diversidade de produtos. De novo, isso não é um caminho de meses, mas ao longo do futuro, e com essa consolidação da diversificação de produtos, a gente vai poder ter uma resiliência maior e uma empresa um pouco mais complexa do que era".*
J03	*"A cadeia foi impactada em termos de responsividade, a gente ter o menor tempo de respostas possíveis, e tudo isso foi graças à logística, à previsibilidade da gente; 'Beleza, agora nós iremos sofrer um impacto talvez por conta das vacinas, transporte de insumos, talvez esteja impactado por conta do transporte de vacinas, insumos para diagnósticos, então podem ocorrer atrasos'; então todos esses impactos que poderiam ser gerados, a logística pôde prever e por isso nós temos insumos em estoque para poder trabalhar".*
J04	*"O impacto para mim foi essa agilidade e responsividade do setor, que foi muito superior ao convencional, por ter se aproximado e dado flexibilidade às demandas".*
J05	*"Um exemplo bem claro disso é que mesmo com os atrasos que a gente teve em um processo de importação da China, nós conseguimos entrar um teste de diagnóstico em PCR mais rápido que qualquer outra empresa".*
J06	*"A nossa agilidade em antecipar e recuperar, assim como de adaptação em relação ao processo. E a responsividade do fornecedor não foi a contento da nossa agilidade, ampliar o nosso leque de fornecedores foi uma coisa muito importante".*

Fonte: o autor (2021)

Quadro 4 – Proposição 2

Entrevistado	Respostas
J01	"Eu vejo que o uso de alguma tecnologia e ferramenta de sistema no passado ajudou a gente a se organizar, que no passado a gente não tinha, pensando isso desde o início da empresa. Foi uma coisa que, claro, sempre melhora com o sistema, mas ainda tem muito a melhorar. Eu acho que desenhar os processos também tem a contribuir com essa maturidade de como as coisas vão funcionar, de como que a cadeia vai funcionar. A medição também ajuda. Eu penso que todas as medições que vocês fazem e buscam indicadores de melhoria de atendimento, melhoria dos dados, acho que também têm contribuído para esse olhar de amadurecimento. E a gestão eu acho que também é uma coisa que vem sendo feita no setor e tem também contribuído para essa maturidade, esse olhar de gestão sobre a cadeia, de forma geral".
J02	"Eu realmente acho que a melhor iniciativa que a gente tem para buscar o amadurecimento é medir. É isso que a nossa cadeia de suprimentos, o nosso setor de suprimentos está fazendo. É uma iniciativa sem fim. Então, você começa a medir, você aprimora a medição e você vai percebendo que no início podia ser errado as medições que você fazia, mas, de qualquer forma, medir é aprimorar".
J03	"Então o evento de maior relevância nisso tudo, com a evolução vocês já tinham uma experiência, o dia a dia da logística com isso, é a percepção da logística em agregar outras áreas dentro do universo, dentro das estratégias da logística em si, então agregar cada vez mais outros setores, por mais distantes que eles sejam da logística, para que tudo fique dentro de um bloco, fique sistematizado e a gente consiga dar celeridade a tudo".
J04	"Eu acho que a empresa está bastante comprometida com o foco estratégico que retorne responsividade, e que também não deixa de olhar o custo efetivo dos procedimentos. Então, acho que a empresa está bem alinhada com isso, e investindo também nessa interação e colaboração entre os clientes. 'Clientes' aqui que eu falo somos nós internos, não externos. E tentando sempre manter essa proximidade, essa colaboração, essa interação com setor".

Entrevistado	Respostas
J05	"Eu acho que essa questão de maturidade vem com o conhecimento que o time tem dos processos. Eu acho que isso é o que ele tende a tratar a cadeia de maneira mais consistente, conhecendo melhor os processos e as ferramentas, então mais uma vez eu entendo que é o conhecimento técnico e a adoção desses conhecimentos, ou seja, colocar esses conhecimentos em práticas que fazem com que a empresa consiga, de fato, melhorar eu ter mais maturidade na cadeia de suprimentos".
J06	"Acho que a prática sempre [...] gira em torno da mesma lógica. Foi esse contato próximo com os fornecedores; essa sensibilização da importância do trabalho que é feito na empresa; o atendimento dos prazos; os indicadores mensurando o tempo, prazo, entrega, qualidade [...]. Tudo isso fortaleceu muito no processo de maturidade ao longo do tempo. E isso tudo é a semente que a gente acabou colhendo, mesmo agora, durante a pandemia, como eu falei, apesar de todos os problemas, a gente não teve falta de insumos básicos, nós não paramos a nossa produção".

Fonte: o autor (2021)

Para responder à terceira proposição, foi necessário investigar os dados disponibilizados pela empresa em seus demonstrativos financeiros e o registro de produtos da empresa na Agência Nacional de Vigilância Sanitária.

Tabela 4 – Proposição 3: demonstrações financeiras

Itens de avaliação	Resultado 2018	Resultado 2019	Resultado 2020
Ativo circulante: estoque	11.223	8.921	27.293
Não circulante: imobilizado	4.683	4.805	13.770
Patrimônio líquido: superávit acumulado	6.193	11.436	101.349
Novos produtos	0	1	2

Fonte: PricewaterhouseCoopers (2019, 2020, 2021), adaptada pelo autor (2021)

De acordo com uma auditoria feita pela Pricewaterhouse-Coopers (2021), o resultado para empresa X é positivo diante da natureza do produto e serviços oferecidos ao mercado. A manutenção do nível intermediário e o avanço de algumas dimensões para o nível avançado refletem uma boa estrutura de ação e resposta diante das dificuldades, e ressaltamos que isso também é resultado da boa vontade da empresa em investir e trabalhar para a criação de resiliência de forma constante ao longo dos anos.

Antes de tirarmos nossas conclusões sobre os dados dos quadros, observemos a Figura 10 a seguir. Nela, podemos entender o grau de prioridade que a empresa dá a diferentes dimensões para desenvolver maturidade e resiliência em sua cadeia de suprimentos.

Figura 10 – Principais dimensões focadas pela empresa

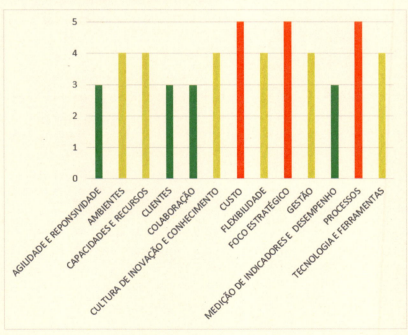

Fonte: o autor (2021)

A cor vermelha no gráfico destaca as áreas focais da empresa, que são de sua própria responsabilidade e que têm sido alvo de ações de melhoria contínua ao longo dos anos. Essas são dimensões em que a empresa já tem iniciativas sólidas de curto prazo nas quais pode agir diretamente e de forma mais controlada.

As dimensões representadas em amarelo indicam áreas de desenvolvimento intermediário, onde há algum envolvimento de terceiros e parcerias, mas ainda de maneira incipiente ou em desenvolvimento. Isso sugere que, para essas dimensões, a empresa está em um estágio de transição, trabalhando para fortalecer essas áreas por meio de colaborações, mas ainda não atingiu nelas o nível de maturidade desejado.

Por fim, as áreas marcadas em verde refletem as dimensões que dependem fortemente de agentes externos à empresa, como regulamentações do mercado, infraestrutura do setor, políticas governamentais ou até mesmo as condições econômicas gerais. Essas são áreas nas quais a empresa terá que investir mais esforço e recursos para desenvolver as competências necessárias e que podem exigir estratégias de longo prazo devido à complexidade e ao grau de influência que estão fora do controle direto da empresa.

A interpretação do gráfico é crucial para o planejamento estratégico, pois ajuda a empresa a entender onde ela está no controle de sua cadeia de suprimentos e onde precisa de cooperação e influência externa para melhorar. Isso permite que ela aloque recursos de forma eficaz e estabeleça parcerias estratégicas para fortalecer as áreas que são críticas para sua resiliência e maturidade na cadeia de suprimentos.

Podemos perceber, portanto, que as principais dimensões focadas pela empresa ao longo dos anos são **agilidade**, pois a empresa investe em tecnologias e ferramentas para melhorar a visibilidade e a gestão da cadeia de suprimentos, e **resiliência**, porque a empresa diversifica os fornecedores e investe em treinamentos para os colaboradores.

Como pudemos perceber, esse cuidado com as dimensões não só é essencial para a empresa manter sua competitividade no mercado como foi determinante para a sua sobrevivência durante a crise da covid-19. Isso é confirmado pelas entrevistas e pelos resultados financeiros obtidos durante o período pandêmico. Dessa maneira, é possível concluir que as três proposições feitas para o modelo apresentado neste livro são todas verdadeiras e estão conectadas ao nível de maturidade da cadeia de suprimentos da empresa X. A organização apresenta um suporte para agilidade e responsividade, que levou a organização a ter um desempenho melhor no contexto da pandemia, e que contribui para que a empresa X tenha um nível de maturidade e resiliência adequado para enfrentar os desafios do mercado.

Pontos-chave

- **Proposição 1**: quanto maior a agilidade da cadeia de suprimentos, menor será o tempo de recuperação e melhor o desempenho da empresa após uma interrupção da cadeia de suprimentos;

- **Proposição 2**: quanto maior o nível maturidade da empresa e sua cadeia de suprimentos, maior será a resiliência (agilidade e rapidez) da empresa para recuperar-se de um evento de alta complexidade;

- **Proposição 3**: quanto mais rápido for o tempo de recuperação da cadeia de suprimentos, maior será o nível de crescimento e desempenho da empresa após uma interrupção da cadeia de abastecimento;

- As proposições apresentadas são todas verdadeiras e estão conectadas ao nível de maturidade da cadeia de suprimentos da empresa X;

- A empresa X apresenta um suporte para agilidade e responsividade, levando a organização a ter um desempenho melhor no contexto histórico dos últimos anos;

- As principais dimensões focadas pela empresa X ao longo dos anos são a Agilidade, com o investimento em tecnologias e ferramentas para melhorar a visibilidade e a gestão da cadeia de suprimentos, e a Resiliência, por meio da diversificação dos fornecedores e do investimento em treinamentos para os colaboradores.

Questões para reflexão

- Como a empresa X pode continuar a melhorar seu nível de maturidade e resiliência?
- Como a empresa X pode melhorar a gestão de sistemas e processos para aumentar a eficiência e a eficácia da cadeia de suprimentos?
- Como a empresa X pode investir mais em recursos, como capacitação de pessoal e infraestrutura?

6

CONCLUSÕES E RECOMENDAÇÕES

> *A causa mais comum do fracasso é a incapacidade ou falta de vontade de mudar diante das exigências de uma nova posição.*
> (Peter Drucker)

Ao chegarmos ao fim deste livro, já é bem claro para o leitor que o tema da resiliência e da maturidade nas cadeias de suprimentos é extremamente complexo e está em plena evolução. São inúmeros e constantes os desafios enfrentados pelas organizações em face das crises econômicas, das disputas geopolíticas, dos desastres naturais e, como vivemos recentemente, das pandemias. A covid-19 obrigou todas as cadeias de suprimentos a avaliarem sua capacidade de resiliência, e aquelas que não estavam preparadas precisaram se reinventar para sobreviver.

Foi pensando em contribuir com o enfrentamento desses desafios que construímos neste livro um novo modelo, o primeiro a fazer relação da temática Resiliência com a temática Maturidade, para abranger o máximo possível das dimensões que influenciam a estabilidade e o funcionamento das cadeias de suprimentos.

Como identificamos na literatura especializada, os temas de maturidade e resiliência manifestam dimensões similares que podiam ser mescladas ou sintetizadas. Algumas delas foram colocadas em evidência, como agilidade e responsividade, capacidades e recursos, cultura de inovação e conhecimento, medição de indicadores e desempenho, tecnologia e ferramentas.

Ao aplicar o questionário e realizar as entrevistas, evidenciou--se que o nível da maturidade e o trabalho de preparação aos longos dos anos foram fundamentais para a resiliência da empresa X durante a pandemia de covid-19. Foram sublinhadas várias dimensões do modelo, incluindo capacidades e recursos, que estão relacionadas ao estágio pré-avançado e colaboram com o resultado de aumento de estoque. Outras dimensões notáveis foram foco estratégico, custo e processo, que têm sido considerados prioridade pela empresa ao longo dos anos, permitindo, assim, um trabalho contínuo de melhoria nos processos, gestão e maturidade em todas as áreas. Dessa maneira, espera-se que este trabalho incentive que as dimensões aqui apontadas recebam mais atenção das organizações que quiserem aproveitar o modelo de integração entre resiliência e maturidade em busca de melhores resultados.

Vale salientar que as características encontradas na empresa (ou em qualquer outra), e no contexto em torno dela, não são fixas, mas mutáveis ao longo do tempo. Portanto, é sempre necessário que novos estudos abordem esse modelo para incorporar as mudanças que estão por vir e que não foram contempladas neste livro. Por exemplo, em um trabalho anterior (Roque Junior, 2016), fiz um apontamento sobre as dimensões que não enfatizei aqui, mas que é necessário mencionar: devemos acrescentar uma dimensão específica para pessoas. No atual modelo, as pessoas estão contidas na dimensão "capacidades e recursos", mas elas são muito mais do que meros recursos, pois sem elas nenhuma outra dimensão pode ser atendida de maneira adequada. Isso vale tanto para as equipes internas da empresa quanto para seus fornecedores e parceiros.

Podemos agora retomar os objetivos que nos levaram a esta pesquisa e por fim vinculá-los ao que discutimos ao longo do livro.

Identificar quais são as dimensões de resiliência

Por meio da pesquisa profunda na literatura especializada, encontramos as seguintes dimensões de resiliência:

- *Agilidade*: capacidade de se adaptar rapidamente a mudanças inesperadas;

- *Ambiente*: fatores externos que podem afetar a cadeia de suprimentos, como economia, política e desastres naturais;
- *Capacidades e recursos*: recursos humanos, financeiros e tecnológicos disponíveis para a cadeia de suprimentos;
- *Colaboração*: trabalho conjunto entre parceiros da cadeia de suprimentos;
- *Cultura de inovação e conhecimento*: cultura organizacional que incentiva a inovação e a disseminação de conhecimento;
- *Estratégia*: plano para o futuro da cadeia de suprimentos;
- *Flexibilidade*: capacidade de se adaptar a mudanças nas demandas ou nas condições da cadeia de suprimentos;
- *Gestão*: processos e sistemas para gerenciar a cadeia de suprimentos;
- *Medição de indicadores e desempenho*: mecanismos para acompanhar o desempenho da cadeia de suprimentos;
- *Processos*: atividades que são realizadas para mover produtos e serviços ao longo da cadeia de suprimentos;
- *Tecnologia e ferramentas*: recursos tecnológicos que apoiam a cadeia de suprimentos;
- *Visibilidade*: capacidade de ver e entender o que está acontecendo na cadeia de suprimentos.

Identificar quais são as dimensões de maturidade

Já para o tema da maturidade, a pesquisa na literatura apontou as seguintes dimensões:

- *Ambientes*: capacidade de entender e responder às condições do ambiente da cadeia de suprimentos;
- *Clientes*: capacidade de atender às necessidades dos clientes;
- *Colaboração*: capacidade de trabalhar com parceiros da cadeia de suprimentos;

- *Custo*: capacidade de reduzir os custos da cadeia de suprimentos;
- *Foco estratégico*: capacidade de alinhar a cadeia de suprimentos à estratégia da empresa;
- *Gestão*: capacidade de gerenciar a cadeia de suprimentos de forma eficaz;
- *Medição de desempenho*: capacidade de medir o desempenho da cadeia de suprimentos;
- *Processos*: capacidade de otimizar os processos da cadeia de suprimentos;
- *Recursos*: capacidade de alocar recursos de forma eficaz na cadeia de suprimentos;
- *Responsividade*: capacidade de atender às demandas dos clientes de forma rápida e flexível;
- *Tecnologia e ferramentas*: capacidade de utilizar tecnologia e ferramentas para melhorar o desempenho da cadeia de suprimentos.

Desenvolver um modelo teórico para avaliação das dimensões de resiliência e maturidade

A pesquisa sobre as dimensões revelou que as dimensões de resiliência e maturidade eram muito semelhantes, o que nos permitiu sintetizá-las para construir nosso próprio modelo de resiliência, como constatamos no capítulo 4. Esse modelo direcionou o restante do trabalho, da formulação dos questionários e do roteiro da entrevista do estudo de caso até as proposições.

Voltamos a insistir: resiliência e maturidade estão intrinsecamente conectadas. Elas precisam ser avaliadas de forma conjunta, e não isolada, para que possa existir uma coerência por parte dos pesquisadores ou gestores ao trabalharem as duas abordagens em suas pesquisas e no dia a dia das organizações. É possível, com uso do modelo aqui proposto, abranger as complexidades das cadeias de suprimentos atuais e tornar mais visíveis os pontos que gestores precisam observar em suas cadeias de suprimentos para torná-las maduras e resilientes, logo preparadas para eventos de ruptura.

Identificar quais foram os impactos da covid-19 na maturidade e resiliência da cadeia de suprimentos

No capítulo 5, fizemos três proposições acerca do papel da maturidade na resiliência da cadeia de suprimentos. Para sustentá-las, trouxemos três quadros com as respostas dos participantes do questionário e das entrevistas e também alguns dados financeiros que confirmaram a efetividade do modelo de resiliência proposto neste livro. Afinal, apesar de todas as dificuldades trazidas pela covid-19, a empresa X apresentou um aumento substancial de seu faturamento; conforme relatório auditado pela PricewaterhouseCoopers (2021), ela lançou mais produtos que em anos anteriores, montou e operou várias estruturas de forma simultânea e mostrou que seu grau de maturidade em várias dimensões foi essencial para enfrentar o contexto de crise, levando em consideração que a pandemia também forçou o fortalecimento das dimensões de maturidade.

É claro que, sendo uma empresa que fornecia insumos para o rastreamento e combate à pandemia, o faturamento tendia a aumentar devido à alta demanda por seus produtos. Entretanto, sem capacidade de resposta a essa demanda, ou seja, sem maturidade da cadeia de suprimentos, não teria sido possível obter bons resultados. Todo o processo de fabricação e fornecimentos dos produtos exigia comunicação, importação de insumos do exterior, exportação de produtos prontos para seus destinos e diversas outras etapas da cadeia de suprimentos que, sem o devido grau de resiliência e preparo, teriam sido impossíveis de colocar em prática. Isso só reforça a importância de um modelo consistente — maduro — na gestão da cadeia de suprimentos.

***

A questão principal deste livro era analisar quais foram os impactos nas dimensões de maturidade e resiliência da cadeia de suprimentos causados pelo surto da covid-19 por meio da análise de uma empresa do setor de biotecnologia em saúde focada no desenvolvimento e produção de testes. A complexidade imposta pela covid-19 submeteu o nível de maturidade da empresa diante da cadeia de suprimentos a um duro teste prático, mostrando que o investimento realizado nos últimos anos foram efetivos e conseguiram garantir resultados positivos de faturamento e entrega, ao mesmo tempo que resultaram em avanços nas dimensões de maturidade para um nível mais avançado.

O impacto da pandemia foi sentido de formas diferentes pelas empresas ao redor do mundo, e nem todas tinham o preparo para lidar com aquele contexto. Não foi o caso da empresa X, pois ela valorizou a resiliência da cadeia de suprimentos e não passou por tantas dificuldades quanto outras organizações. Destaco aqui uma fala do entrevistado J05 sobre esse feito:

> *[...] o maior impacto foi, de fato, dar o conhecimento e a visibilidade necessária à área, demonstrando que essa área é uma área de extrema importância para toda a instituição, e não simplesmente uma área que compra e entrega.*

A fala mostra que existe um ganho de imagem para a área de cadeia de suprimentos e logística, que não é o setor-fim da empresa, mas é fundamental para o andamento da organização. Um exemplo claro é o impacto na dimensão de visibilidade, com a dependência das cadeias de suprimentos do processo de importação. Durante a pandemia, exigiu-se criatividade da organização para pensar várias formas de trazer produtos, novas rotas, novos voos e novos fornecedores.

- É importante que as empresas invistam no desenvolvimento de suas cadeias de suprimentos, a fim de aumentar sua maturidade e resiliência;
- A pandemia mostrou que as cadeias de suprimentos globais são vulneráveis a eventos disruptivos;
- As empresas precisam estar preparadas para enfrentar esses desafios desenvolvendo estratégias de mitigação de riscos.

Constatamos que o nível de maturidade da empresa foi suficiente para gerenciar a complexidade do ambiente imposto pela covid-19 — mais ainda, isso só foi possível porque sua preparação ao longo dos anos consolidou as bases para um aumento expressivo em suas atividades no mesmo momento em que outras empresas estavam fechadas ou paradas por falta de insumos. Muitas empresas e gestores que não tiveram a oportunidade de preparar sua operação nos últimos anos foram impactados diretamente pelos eventos da covid-19, que afetaram diversas cadeias de suprimentos e colocaram à prova a resiliência das operações. Espera-se que todos fiquem bem e que se possa tirar lições valiosas desse período terrível da história. O modelo teórico apresentado e aplicado na prática pode e tem como objetivo justamente contribuir para evitar novas rupturas.

Para os gestores de empresas, o modelo de maturidade e resiliência apresentado aqui tem o intuito de ser um mapa que dará um norte para as organizações, além de contribuir para criação das estratégias de suprimentos amparadas nas dimensões de agilidade e responsividade, ambientes, capacidades e recursos, clientes, colaboração, custo, cultura de inovação e conhecimento, foco estratégico, flexibilidade, gestão, medição de indicadores e desempenho, processos, tecnologia e ferramentas e visibilidade. Investir esforços nessas dimensões com alinhamento à estratégia da organização tornou-se fundamental para criar resiliência no mundo pós-covid-19 e para deixar a empresa preparada para eventos disruptivos que assombram as cadeias de suprimentos diante do avanço da tecnologia e das mudanças climáticas. Assim, os resultados deste trabalho podem contribuir com a literatura de cadeias de suprimentos maduras e resiliência em cadeias de suprimentos. Futuros pesquisadores precisam levar em consideração, no desenho das cadeias de suprimentos resilientes, as dimensões aqui encontradas e estratégias aqui discutidas.

Daqui para frente, quando quisermos comentar a agenda futura sobre o tema Maturidade e Resiliência, não poderemos deixar de mencionar as repercussões da covid-19, que foi o evento de maior impacto nas cadeias de suprimentos até hoje. Países e empresas foram abalados; cadeias de suprimentos inteiras foram paralisadas da noite para o dia, gerando um descompasso entre oferta e demanda. Tais efeitos e impactos poderiam ter sido minimizados ou até eliminados, se as organizações tivessem dado mais atenção a ter planos de contingência e resiliência mais robustos. É esperado que as empresas mais maduras e resilientes tenham sido afetadas, mas principalmente que sua recuperação tenha sido mais rápida, podendo ter sido superior a outras empresas concorrentes que não fazem uma gestão de riscos.

Espera-se que este livro tenha trazido um pouco de luz sobre a resiliência das cadeias de suprimentos em um momento de pura escuridão para o mundo. Porém, também enfatizo que ele não é ponto final de nossa jornada e, por isso, quero deixar mais perguntas para serem respondidas em outras pesquisas e também algumas implicações para reflexão.

Para os pesquisadores, ficam algumas pautas de pesquisa que, a meu ver, precisam ser respondidas com o máximo de urgência:

- Será a digitalização das cadeias de suprimentos o futuro para se ter mais resiliência? Como empresas de pequeno e médio porte conseguirão competir com as grandes empresas nesse processo?
- Como empresas localizadas em regiões distantes das capitais e com pouco acesso à estrutura como eletricidade, água e internet serão capazes de ser resilientes?
- A gestão de risco ou plano de contingência será parte do dia a dia da maioria das empresas?
- A economia circular e a sustentabilidade trarão mais resiliência para as cadeias de suprimentos?
- Como as cadeias de suprimentos 4.0 vão tornar as empresas mais resilientes?
- Apresentar um estudo longitudinal sobre as ações práticas da empresa.

Antes de finalizar, precisamos dizer que a pesquisa que deu origem a este livro representou uma das poucas oportunidades de acompanhar a evolução de um processo de construção de maturidade em cadeias de suprimentos e logística ao longo de dez anos de pesquisa, testagem, melhoria incremental, análises, e muita aplicação do conhecimento teórico no dia a dia. Inicialmente, realizamos um diagnóstico, seguido pela implementação de processos, ferramentas e teorias. Em um segundo momento, pudemos observar e analisar os resultados dessa implementação. Essa capacidade de acompanhar o processo desde o diagnóstico até a análise dos resultados proporcionou confiança para continuar a pesquisa e explorar ainda mais o tema.

Esse trabalho gerou um artigo científico que ficou entre o mais visualizados no ano de 2023 da revista *International Journal of Industrial Engineering and Operations Management*[6]. *Isso significa poder ajudar muitos profissionais em sua rotina de intenso trabalho. Portanto, esperamos que ampliar o público desta pesquisa por meio deste livro contribua para que as organizações e seus gestores estejam cada vez mais preparados para enfrentar os desafios do mundo complexo em que vivemos.*

Avante, Jovens!

---

[6] Ver em: ROQUE JUNIOR, L. C.; FREDERICO, G. F.; COSTA, M. L. N. Maturidade e resiliência nas cadeias de abastecimento: uma revisão sistemática da literatura. *International Journal of Industrial Engineering and Operations Management*, v. 5, n. 1, 2023. DOI 10.1108/IJIEOM-08-2022-0035.

REFERÊNCIAS

AGGARWAL, S.; SRIVASTAVA, M. K. A grey-based DEMATEL model for building collaborative resilience in supply chain. **International Journal of Quality and Reliability Management**, Leeds (United Kingdom), v. 36, n. 8, p. 1.409-1.437, 2019.

ABOAH, J.; WILSON, M. M. J.; RICH, K. M.; LYNE, M. C. Operationalising resilience in tropical agricultural value chains. **Supply Chain Management**, v. 24, n. 2, p. 271-300. 2019. Disponível em: https://doi.org/10.1108/SCM-05-2018-0204.

AKKERMANS, H.; VAN WASSENHOVE, L. N. Supply chain tsunamis: research on low-probability, high-impact disruptions. **Journal of Supply Chain Management**, Hoboken, New Jersey (USA), v. 54, n. 1, p. 64-76, 2018.

ALI, A.; MAHFOUZ, A.; ARISHA, A. Analysing supply chain resilience: integrating the constructs in a concept mapping framework via a systematic literature review. **Supply Chain Management**, Leeds (United Kingdom), v. 22, n. 1, p. 16-39, 2017.

ALI, I.; NAGALINGAM, S.; GURD, B. Building resilience in SMEs of perishable product supply chains: enablers, barriers and risks. **Production Planning and Control**, United Kingdom, v. 28, n. 15, p. 1.236-1.250, 2017.

ALICKE, P. K.; AZCUE, X.; BARRIBALL, E. **Supply-chain recovery in coronavirus times-plan for now and the future.** McKinsey & Company (online), 18 de março de 2020. Disponível em: https://www.mckinsey.com/capabilities/operations/our-insights/supply-chain-recovery-in-coronavirus-times-plan-for-now-and-the-future Acesso em: 19 out. 2020.

ALTAY, N.; GUNASEKARAN, A.; DUBEY, R.; CHILDE, S. J. Agilidade e resiliência como antecedentes do desempenho da cadeia de abastecimento sob efeitos moderadores da cultura organizacional no ambiente humanitário: uma visão de capacidade dinâmica. **Planejamento e Controle** de Produção, v. 29, n. 14, p. 1158-1174, 2018. DOI https://doi.org/10.1 080/09537287.2018.1542174

ANZAI, A.; KOBAYASHI, T.; LINTON, NOVO MÉXICO; KINOSHITA, R.; HAYASHI, K.; SUZUKI, A.; YANG, Y.; JUNG, S.-M.; MIYAMA, T.; AKHMETZHANOV, A. R. Assessing the impact of reduced travel on exportation dynamics of novel coronavirus infection (covid-19). **Journal of Clinical Medicine**, Basel (Switzerland), v. 9, n. 2, p. 601, 2020.

ASDECKER, B.; FELCH, V. Development of an industry 4.0 maturity model for the delivery process in supply chains. **Journal of Modelling in Management**, Leeds (United Kingdom), v. 13, 2018.

BALLOU, R. H. **Gerenciamento da cadeia de suprimentos (planejamento, organização e logística empresarial)**. 5. ed. Porto Alegre: Bookman, 2006.

BANCO Mundial; Fundação de Amparo à Pesquisa e Extensão Universitária; Universidade Federal de Santa Catarina; Global Facility for Disaster Reduction and Recovery. **Resiliência e risco de desastres**: um guia para atuação municipal. Florianópolis: FAPEU, 2020. Disponível em: https://pmma.etc.br/mdocs-posts/resiliencia-e-risco-de-desastres-um-guia-para-atuacao-municipal/. Acesso em: 20 out. 2020.

BARDIN, L. **Análise de conteúdo**. São Paulo: Edições 70, 2011.

BARRA, G. M. J.; LADEIRA, M. B. Modelo de maturidade para processos de certificação no sistema agroindustrial do café. **REGE: Revista de Gestão**, São Paulo, v. 24, n. 2, p. 134-148, 2017.

BENMOUSSA, R.; ABDELKABIR, C. A. B. D. A.; HASSOU, M. Capability/maturity based model for logistics processes assessment: application to distribution processes. **International Journal of Productivity and Performance Management**, Leeds (United Kingdom), v. 64, n. 1, p. 28-51, 2015.

BOWERSOX, D. J.; CLOSS, D. J.; COOPER, M. B. **Gestão logística da cadeia de suprimentos**. Porto Alegre: Bookman, 2006.

BRUSSET, X.; TELLER, C. Supply chain capabilities, risks, and resilience. **International Journal of Production Economics**, Amsterdam, v. 184, p. 59-68, 2017.

BVUCHETE, M.; GROBBELAAR, S. S.; VAN EEDEN, J. A comparative review on supply chain maturity model. **Proceedings of the International Conference on Industrial Engineering and Operations Management**, Johannesburg, October 29 – November 1, 2018.

CHEN, X.; XI, Z.; JING, P. A unified framework for evaluating supply chain reliability and resilience. **IEEE Transactions on Reliability**, [s. l.], v. 66, n. 4, p. 1.144-1.156, 2017.

CHOWDHURY, M. M. H.; QUADDUS, M. Supply chain readiness, response and recovery for resilience. **Supply Chain Management**, Leeds (United Kingdom), v. 21, n. 6, p. 709-731, 2016.

CHOWDHURY, M. M. H.; QUADDUS, M. Supply chain resilience: conceptualization and scale development using dynamic capability theory. **International Journal of Production Economics**, Amsterdam, v. 188, p. 185-204, mar. 2017.

CHOWDHURY, M. M. H.; QUADDUS, M.; AGARWAL, R. Supply chain resilience for performance: role of relational practices and network complexities. **Supply Chain Management**, Leeds (United Kingdom), v. 24, n. 5, p. 659-676, 2019.

CHRISTOPHER, M.; PECK, H. Building the resilient supply chain. **The International Journal of Logistics Management**, Leeds (United Kingdom), v. 15, n. 2, p. 1-14, 2004.

COLLINS, J; HANSEN, M. T. **Vencedoras por Opção. Incerteza, caos e acaso:** Por que algumas empresas prosperam apesar de tudo. São Paulo: HSM Editora, 2018.

CORRÊA, H. L. **Gestão de redes de suprimentos:** integrando cadeias de suprimentos no mundo globalizado. São Paulo: Atlas, 2010.

CSCMP. (2013). **Supply Chain Management: Terms and Glossary**. Disponível em: https://cscmp.org/CSCMP/CSCMP/Educate/SCM_Definitions_and_Glossary_of_Terms.aspx. Acesso em 18 de janeiro de 2024.

DABHILKAR, M.; BIRKIE, S. E.; KAULIO, M. Supply-side resilience as practice bundles: a critical incident study. **International Journal of Operations and Production Management**, Leeds (United Kingdom), v. 36, n. 8, p. 948-970, 2016.

DATTA, P. Supply network resilience: a systematic literature review and future research. **International Journal of Logistics Management**, Leeds (United Kingdom), v. 28, n. 4, p. 1.387-1.424, 2017.

DISSANAYAKE, C. K.; CROSS, J. A. Systematic mechanism for identifying the relative impact of supply chain performance areas on the overall supply chain performance using SCOR model and SEM. **International Journal of Production Economics**, Amsterdam, v. 201, p. 102-115, Apr. 2018.

DIXIT, V.; SESHADRINATH, N.; TIWARI, M. K. Performance measures based optimization of supply chain network resilience: a NSGA-II + Co-Kriging approach. **Computers and Industrial Engineering**, Amsterdam, v. 93, p. 205-214, 2016.

DOMINGUES, P.; SAMPAIO, P.; AREZES, P. M. Integrated management systems assessment: a maturity model proposal. **Journal of Cleaner Production**, Amsterdam, v. 124, p. 164-174, 2016.

DUBEY, R. et al. Antecedents of resilient supply chains: an empirical study. **IEEE Transactions on Engineering Management**, [s. l.] v. 66, n. 1, p. 8-19, 2019.

EKANAYAKE, E. M. A. C.; SHEN, G. Q. P.; KUMARASWAMY, M. M. Identifying supply chain capabilities of construction firms in industrialized construction. **Production Planning and Control**, United Kingdom, v. 32, p. 303-21, 2021.

FISCHER, Jan-Hendrik; THOMÉ, Antônio Márcio T.; SCAVARDA, Luiz Felipe; HELLINGRATH, Bernd; MARTINS, Roberto. Development and application of a maturity measurement framework for supply chain flexibility. **Procedia CIRP**, Amsterdam, v. 41, p. 514-519, 2016.

FLIGHTRADAR24. GeoBasis-DE/BKG @2009. 2020. Disponível em: https://www.flightradar24.com/about. Acesso em: 19 out. 2020.

FONSECA, L. M. Covid-19: outcomes for global supply chains. management e marketing. **Challenges for the Knowledge Society**, Bucharest, Romania, n. 15, p. 424-438, 2020.

FREDERICO, G. F. Towards a Supply Chain 4.0 on the post-COVID-19 pandemic: a conceptual and strategic discussion for more resilient supply chains. **Rajagiri Management Journal**, Leeds (United Kingdom), v. 15, n. 2, p. 94-104, 2021.

FREDERICO, G. F.; MARTINS, R. A. Modelo para alinhamento entre a maturidade dos sistemas de medição de desempenho e a maturidade da gestão da cadeia de suprimentos. **Gestão e Produção**, São Carlos, v. 19, n. 4, p. 857-871, 2012.

FREDERICO, G. F. Supply chain 4.0: concepts, maturity and research agenda. **Supply Chain Management**, Leeds (United Kingdom), v. 25, n. 2, p. 262-282, 2019.

FREDERICO, G. F , KUMAR, V. , GARZA-REYES, JA , KUMAR, A. E AGRAWAL, R. Impact of I4.0 technologies and their interoperability on performance: future pathways for supply chain resilience post-COVID-19. **The International Journal of Logistics Management**, Leeds (United Kingdom), v. 34, n. 4, p. 1020-1049, 2023.

GALVAO, T. F.; PEREIRA, M. G. Revisões sistemáticas da literatura: passos para sua elaboração. **Epidemiol. Serv. Saúde**, Brasília (DF), v. 23, n. 1, p. 183-184, 2014.

GOLAN, M. S.; JERNEGAN, L. H.; LINKOV, I. Trends and applications of resilience analytics in supply chain modeling: systematic literature review in the context of the covid-19 pandemic. **Environment Systems and Decisions**, Berlin, v. 40, n. 2, p. 222-243, 2020. DOI 10.1007/s10669-020-09777-w.

GUNESSEE, S.; SUBRAMANIAN, N.; NING, K. Natural disasters, PC supply chain and corporate performance. **International Journal of Operations and Production Management**, Leeds (United Kingdom), v. 38, n. 9, p. 1.796-1.814, 2018.

HECHT, A. A.; BIEHL, E.; BARNETT, D. J.; NEFF, R. A. Urban Food Supply Chain Resilience for Crises Threatening Food Security: A Qualitative Study. **J Acad Nutr Diet**, v. 119, n. 2, p. 211-224, Fev. 2019. DOI: 10.1016/j.jand.2018.09.001. Epub 2018 Dec 6. PMID: 30527912.

HOHENSTEIN, N.-O.; FEISEL, E.; HARTMANN, E.; GIUNIPERO, L. "Research on the phenomenon of supply chain resilience: A systematic review and paths for further investigation". **International Journal of Physical Distribution & Logistics Management**, Leeds (United Kingdom), v. 45, n. 1/2, p. 90-117, 2015.

HOSSEINI, S.; AL KHALED, A.; SARDER, M. D. A general framework for assessing system resilience using Bayesian networks: a case study of sulfuric acid manufacturer. **Journal of Manufacturing Systems**, Amsterdam, v. 41, p. 211-227, 2016.

HOU, Y. *et al.* How does the trust affect the topology of supply chain network and its resilience? An agent-based approach. **Transportation Research Part E:** Logistics and Transportation Review, Elsevier, v. 116, p. 229-241, June 2018.

IVANOV, D. Revealing interfaces of supply chain resilience and sustainability: a simulation study. **International Journal of Production Research**, United Kingdom, v. 56, n. 10, p. 3.507-3.523, 2018.

IVANOV, D. Simulation-based ripple effect modelling in the supply chain. **International Journal of Production Research**, United Kingdom, v. 55, n. 7, p. 2.083-2.101, 2017.

IVANOV, D.; DOLGUI, A. A digital supply chain twin for managing the disruption risks and resilience in the era of industry 4.0. **Production Planning and Control**, United Kingdom, v. 32, n. 9, p. 775-788, 2020.

IVANOV, D.; DOLGUI, A.; SOKOLOV, B. The impact of digital technology and industry 4.0 on the ripple effect and supply chain risk analytics. **International Journal of Production Research**, United Kingdom, v. 57, n. 3, p. 829-846, 2019.

JAIN, V.; KUMAR, S.; SONI, U.; CHANDRA, C. Resiliência da cadeia de abastecimento: desenvolvimento de modelos e análise empírica. **Jornal Internacional de Pesquisa de Produção**, v. 55, n. 22, p. 6779-6800, 2017. https://doi.org/10.1080/00207543.2017.1349947

JOHNSON, H. C.; GOSSNER, C. M.; COLZANI, E.; KINSMAN, J.; ALEXAKIS, L.; BEAUTÉ, J.; WÜRZ, A.; TSOLOVA, S.; BUNDLE, N.; EKDAHL, K. Potential scenarios for the progression of a COVID-19 epidemic in the European Union and the European Economic Area, March 2020. **Euro Surveill.**, v. 25, n. 9, 2020.

KHALILI, S. M.; JOLAI, F.; TORABI, S. A. Integrated production-distribution planning in two-echelon systems: a resilience view. **International Journal of Production Research**, United Kingdom, v. 55, n. 4, p. 1.040-1.064, 2017.

KOCHAN, C. G.; NOWICKI, D. R. Supply chain resilience: a systematic literature review and typological framework. **International Journal of Physical Distribution & Logistics Management**, Leeds (United Kingdom), v. 48, p. 942-965, 2018.

KPMG. **Impactos da covid-19**. KPMG, 2020. Disponível em: https://home.kpmg/br/pt/home/insights/2020/04/covid-visao-setorial.html. Acesso em: 7 set. 2021. Atualmente indisponível.

LAM, J. S. L.; BAI, X. A quality function deployment approach to improve maritime supply chain resilience. **Transportation Research Part E: Logistics and Transportation Review**, Amsterdam, v. 92, p. 16-27, 2016.

LIMA, F. R. P. D.; DA SILVA, A. L.; GODINHO FILHO, M.; DIAS, E. M. «Systematic review: resilience enablers to combat counterfeit medicines». **Supply Chain Management**, v. 23, n. 2, p. 117-135, 2018. https://doi.org/10.1108/SCM-04-2017-0155.

LIM-CAMACHO, L. *et al.* Complex resource supply chains display higher resilience to simulated climate shocks. **Global Environmental Change**, Amsterdam, v. 46, p. 126-138, Sept. 2017.

LIU, Chiung-Lin ; SHANG, Kuo-Chung; LIRN, Taih-Cherng; LAI, Kee-Hung; LUN, Y. H. Venus. «Supply chain resilience, firm performance, and management policies in the liner shipping industry,» **Transportation Research Part A**: Policy and Practice, Elsevier, v. 110(C), p. 202-219, 2018. DOI: 10.1016/j.tra.2017.02.004

LÜCKER, F.; SEIFERT, R. W. Building up resilience in a pharmaceutical supply chain through inventory, dual sourcing and agility capacity. **Omega**, Thousand Oaks, California (USA), v. 73, p. 114-124, 2017.

MacDONALD, J. R.; CORSI, T. M. Supply chain disruption management: severe events, recovery, and performance. **Journal of Business Logistics**, Hoboken, New Jersey (USA), v. 34, n. 4, p. 270-288, 2013.

MacDONALD, J. R. *et al.* Supply chain risk and resilience: theory building through structured experiments and simulation. **International Journal of Production Research**, United Kingdom, v. 56, n. 12, p. 4.337-4.355, 2018.

MANCHERI, Nabeel A. Benjamin Sprecher, Sebastiaan Deetman, Steven B. Young, Raimund Bleischwitz, Liang Dong, René Kleijn, Arnold Tukker . Resilience in the tantalum supply chain. **Resources, Conservation and Recycling**, Amsterdam, v. 129, p. 56-69, Feb. 2018

MANDAL, S.; SARATHY, R.; KORASIGA, V. R.; BHATTACHARYA, S.; DASTIDAR, S. G. Achieving supply chain resilience: the contribution of logistics and supply chain capabilities. **International Journal of Disaster Resilience in the Built Environment**, Leeds (United Kingdom), v. 7, n. 5, p. 544-562, 2016.

MARQUEZ, R.; TOLOSA, L.; CELIS, M. T. Understanding covid-19 effect on the U. S. supply chain of strategic products: important factors, current situation, and future perspective [Entendiendo el efecto de covid-19 en las cadenas de suministro de productos estratégicos en EE UU: facto.

Artículo de investigación]. **Revista Ciencia e Ingeniería**, Bogotá, v. 42, n. 1, p. 53-62, 2021.

McCARTHY, I. P.; COLLARD, M.; JOHNSON, M. Adaptive organizational resilience: an evolutionary perspective. **Current Opinion in Environmental Sustainability**, Amsterdam, v. 28, n. 1, p. 33-40, 2017.

MENDES ,PAULO. JOSÉ EUGÊNIO LEAL, ANTÔNIO MÁRCIO TAVARES THOMÉ (2016). A maturity model for demand-driven supply chains in the consumer product goods industry. **International Journal of Production Economics**, Amsterdam, v. 179, p. 153-165, 2017.

MIRI, F.; SHAHABI, N.; ASADIPOUR, E. An appraisal of supply chain management maturity in the oil and gas sector of Pakistan. **International Transaction Journal of Engineering, Management, e Applied Sciences e Technologies International**, [s. l.] v. 10, n. 10, p. 1-6, 2019.

NAMDAR, J.; LI, X.; SAWHNEY, R.; PRADHAN, N. Supply chain resilience for single and multiple sourcing in the presence of disruption risks. **International Journal of Production Research**, v. 56, n. 6, p. 2339-2360, 2018. https://doi.org/10.1080/00207543.2017.1370149

OLIVEIRA, M. P. V. **Modelo de maturidade de processos em cadeias de suprimentos**: precedências e os pontos-chave de transição. 2009. Tese (Doutorado em Administração) – Universidade Federal de Minas Gerais, Belo Horizonte, 2009.

ORGANIZAÇÃO PAN-AMERICANA DA SAÚDE (OPAS). **OMS afirma que covid-19 é agora caracterizada como pandemia**. Mar. 2020. Disponível em: https://www.paho.org/bra/index.php?option=com_contenteview=articleeid=6120:om s-afirma-que-covid-19-e-agora-caracterizada-como-pandemiaeItemid=812 Acesso em: 1 maio 2020.

PAPADOPOULOS, Thanos; ANGAPPA, Gunasekaran; RAMESHWAR, Dubey; NEZIH, Altay; STEPHEN, J. Childe, Samuel Fosso-Wamba. The role of big data in explaining disaster resilience in supply chains for sustainability. **Journal of Cleaner Production**, Amsterdam, v. 142, p. 1.108-1.118, 2017. DOI 10.1016/j.jclepro.2016.03.059.

PATEL, A. *et al.* Personal protective equipment supply chain: lessons learned from recent public health emergency responses. **Health Security**, Larchmont, New York (USA), v. 15, n. 3, p. 244-252, 2017.

PETTIT, T. J.; CROXTON, K. L.; FIKSEL, J. The evolution of resilience in supply chain management: a retrospective on ensuring supply chain resilience. **Journal of Business Logistics**, Hoboken, New Jersey (USA), v. 40, n. 1, p. 56-65, 2019.

POURNADER, M. *et al.* An analytical model for system-wide and tier-specific assessment of resilience to supply chain risks. **Supply Chain Management**, Leeds (United Kingdom), v. 21, n. 5, p. 589-609, 2016.

PURVIS, L.; SPALL, S.; NAIM, M.; SPIEGLER, V. Desenvolver uma estratégia de cadeia de abastecimento resiliente durante o 'boom' e o 'bust'. **Planejamento e Controle de Produção**, v. 27, n. 7-8, p. 579-590, 2016. https://doi.org/10.1080/09537287.2016.1165306

RAJESH, R. Forecasting supply chain resilience performance using grey prediction. **Electronic Commerce Research and Applications**, Amsterdam, v. 20, p. 42-58, 2016.

RAJESH, R. Technological capabilities and supply chain resilience of firms: a relational analysis using Total Interpretive Structural Modeling (TISM). **Technological Forecasting and Social Change**, Amsterdam, v. 118, p. 161-169, 2017.

RALSTON, P.; BLACKHURST, J. Industry 4.0 and resilience in the supply chain: a driver of capability enhancement or capability loss? **International Journal of Production Research**, United Kingdom, v. 58, n. 16, p. 1-14, 2020.

RASOULI, M. R. (2019). Intelligent process-aware information systems to support agility in disaster relief operations: a survey of emerging approaches. **International Journal of Production Research**, v. 57, n. 6, p. 1857-1872. https://doi.org/10.1080/00207543.2018.1509392

RODRIGUES DA SILVA, J. et al. Impactos da covid-19 nas cadeias produtivas e não diárias de comunidades tradicionais da Amazônia Central. **Amazonian World**, [s. l.], v. 11, n. 2, p. 75-92, 2020.

ROQUE JUNIOR, L. C. **Maturidade da gestão da cadeia de suprimentos**: um estudo de caso de uma organização de biotecnologia em saúde. Monografia (MBA) – Universidade Federal do Paraná, Curitiba, 2016.

ROQUE JUNIOR, L. C. et al. Supply chain management maturity and complexity: findings from a case study at a health biotechnology company in Brazil. **International Journal of Logistics Systems and Management**, Genebra, v. 33, n. 1, p. 1-25, 2019.

ROQUE JUNIOR, L. C. et al. The impact of covid-19 on international supply chains looking through the SCOR model. In: SOUTH AMERICAN INTERNATIONAL CONFERENCE ON INDUSTRIAL ENGINEERING AND OPERATIONS MANAGEMENT, 2., Apr. 5-8, 2021, São Paulo. Hosts: IFSP and Facens University.

SABAHI, S.; PARAST, M. M. Firm innovation and supply chain resilience: a dynamic capability perspective. **International Journal of Logistics Research and Applications**, v.23, n.3, 254–269, 2019.

SCHOLTEN, K.; SCOTT, P. S.; FYNES, B. Building routines for non-routine events: supply chain resilience learning mechanisms and their antecedents. **Supply Chain Management**, Leeds (United Kingdom), v. 24, n. 3, p. 430-442, 2019.

SEURING, S. A. Assessing the rigor of case study research in supply chain management. **Supply Chain Management**, Leeds (United Kingdom), v. 13, n. 2, p. 128-137, 2008.

SHAO, L.; JIN, S. Resilience assessment of the lithium supply chain in China under impact of new energy vehicles and supply interruption. **Journal of Cleaner Production**, Amsterdam, v. 252, 2020.

SHASHI, P. C.; CERCHIONE, R.; ERTZ, M. Managing supply chain resilience to pursue business and environmental strategies. **Business**

Strategy and the Environment, Hoboken, New Jersey (USA), v. 29, n. 3, p. 1.215-1.246, 2020.

SHEKARIAN, M.; NOORAIE, S. V. R.; PARAST, M. M. An examination of the impact of flexibility and agility on mitigating supply chain disruptions. **International Journal of Production Economics**, Amsterdam, v.220, July 2020.

SICHE, R. What is the impact of covid-19 disease on agriculture? **Scientia Agropecuaria**, Piracicaba – SP, v. 11, n. 1, p. 3-9, 2020.

SINGH, R. K.; GUPTA, A.; GUNASEKARAN, A. Analysing the interaction of factors for resilient humanitarian supply chain. **International Journal of Production Research**, v. 56, n. 21, p. 6809-6827, 2018. https://doi.org /10.1080/00207543.2018.1424373

SORBELLO, M.; EL-BOGHDADLY, K.; DI GIACINTO, I.; CATALDO, R.; ESPOSITO, C.; FALCETTA, S.; MERLI, G.; CORTESE, G.; CORSO, R. M.; BRESSAN, F.; PINTAUDI, S.; GREIF, R.; DONATI, A.; PETRINI, F. Società Italiana di Anestesia Analgesia Rianimazione e Terapia Intensiva (SIAARTI) Airway Research Group, & The European Airway Management Society. The Italian coronavirus disease 2019 outbreak: recommendations from clinical practice. **Anaesthesia**, Hoboken, New Jersey (USA), v. 75, n. 6, p. 724-732, 2020.

SPRECHER, B. *et al.* Novel indicators for the quantification of resilience in critical material supply chains, with a 2010 rare earth crisis case study. **Environmental Science and Technology**, Washington DC (USA), v. 51, n. 7, p. 3.860-3.870, 2017.

TAN, W. J.; CAI, W.; ZHANG, A. N. Structural-aware simulation analysis of supply chain resilience. **International Journal of Production Research**, 7543, 2019. DOI https://doi.org/10.1080/00207543.2019.1705421

THOMAS, A.; BYARD, P.; FRANCIS, M.; FISHER, R.; WHITE, G. R. T. "Perfil da resiliência e sustentabilidade das empresas de manufatura do Reino Unido". **Journal of Manufacturing Technology Management**, v. 27, n. 1, 2016. DOI https://doi.org/10.1108/JMTM-06-2014-0086

TONTINI, G.; DE CARVALHO, L. C.; SCHLINDWEIN, N. F. D. C.; TOMAREVSKI, V. Maturity model of procurement and supply management in small and medium-size enterprises: a benchmarking of hospitals and metal-mechanic companies. **International Journal of Quality and Service Sciences**, Leeds (United Kingdom), v. 8, n. 3, p. 315-333, 2016.

TURRIONI, J. B.; MELLO, C. H. P. **Metodologia de pesquisa em engenharia de produção**: estratégias, métodos e técnicas para condução de pesquisas quantitativas e qualitativas. 2012. Programa de Pós-Graduação em Engenharia de Produção, Universidade Federal de Itajubá, 2012.

GANG, Wang; ANGAPPA, Gunasekaran; ERIC, W. T. Ngai; THANOS, Papadopoulos. Big data analytics in logistics and supply chain management: certain investigations for research and applications. **International Journal of Production Economics**, Amsterdam, v. 176, p. 98-110, 2016.

WANG, X.; ZHANG, X.; HE, J. Challenges to the system of reserve medical supplies for public health emergencies: reflections on the outbreak of the severe acute respiratory syndrome coronavirus 2 (SARS-CoV-2) epidemic in China. **BioScience Trends, Advpub.**, Tokyo, 2020.

WIED, M.; OEHMEN, J.; WELO, T. Conceptualizing resilience in engineering systems: an analysis of the literature. **Systems Engineering**, Hoboken, New Jersey (USA), v. 23, n. 1, p. 3-13, 2020.

YAHIAOUI, S.; FEDOUAKI, F.; MOUCHTACHI, A. A supply chain maturity model for automotive SMEs: a case study. **IFAC-PapersOnLine, Amsterdam**, v. 52, n. 13, p. 2.044-2.049, 2019.

YIN, R. K. **Estudo de caso**: planejamento e métodos. 5. ed. Porto Alegre: Bookman, 2015.

APÊNDICE A

QUESTIONÁRIO DE RESILIÊNCIA NAS CADEIAS DE SUPRIMENTOS: A COMPLEXIDADE DA COVID-19

Nome:_____
Cargo:_____
Escolaridade:_____
Tempo de empresa:_____
Empresa:_____
Segmento:_____
Número de funcionários:_____
Receita da empresa:_____
Tempo de experiência ligado à cadeia de suprimentos e logística:_____
Qual a formação dos colaboradores (%)?_____

Definição de Resiliência: a capacidade de uma cadeia de suprimentos evitar interrupções e reduzir o impacto das interrupções por meio do desenvolvimento do nível de prontidão necessário, da capacidade de resposta e recuperação rápida.

- Avalie a **frequência** das características citadas na sua organização para cada dimensão de resiliência. Para isso, marcar uma nota de 1 a 5, sendo 1 "nunca" e 5 "sempre", a seguir.

1	2	3	4	5
Nunca	Raramente	Ocasionalmente	Frequentemente	Sempre

- Avalie a **importância** das características para cada dimensão de resiliência com uma nota de 1 a 5, sendo 1 "não importante" e 5 "muito importante", a seguir.

1 Não importante	2 Às vezes importante	3 Moderado	4 Importante	5 Muito importante

Flexibilidade: flexibilidade de processo, flexibilidade de resposta, flexibilidade e gestão baseada no tempo, flexibilidade estratégica.

Frequência	1 Nunca	2 Raramente	3 Ocasionalmente	4 Frequentemente	5 Sempre
Importância	1 Não importante	2 Às vezes importante	3 Moderado	4 Importante	5 Muito importante

Agilidade: fazem parte da agilidade as habilidades de adaptação, antecipação, recuperação, restauradora, absorver, dispersão, adiamento, responsividade.

1 Nunca	2 Raramente	3 Ocasionalmente	4 Frequentemente	5 Sempre
1 Não importante	2 Às vezes importante	3 Moderado	4 Importante	5 Muito importante

Colaboração: colaboração está descrita de várias formas; destacamos essa habilidade como o compartilhamento de recursos, o compartilhamento de conhecimento, estratégias e informações sobre riscos, a integração entre empresas, governos, sociedade e organizações do terceiro setor, chamadas de ONGs, a qualidade de relacionamento, a previsão colaborativa, o compartilhamento de riscos e receitas, o compartilhamento de informações, a capacidade tecnológica entre parceiros, a colaboração e coordenação entre as partes interessadas.

1 Nunca	2 Raramente	3 Ocasionalmente	4 Frequentemente	5 Sempre
1 Não importante	2 Às vezes importante	3 Moderado	4 Importante	5 Muito importante

Visibilidade: a visibilidade da cadeia de suprimentos é composta por um conjunto de ações, destacando-se análise preditiva, visibilidade de mercado, visibilidade do fornecedor, visibilidade tecnológica, construção de cenários.

1 Nunca	2 Raramente	3 Ocasionalmente	4 Frequentemente	5 Sempre
1 Não importante	2 Às vezes importante	3 Moderado	4 Importante	5 Muito importante

Cultura: a cultura aparece presente de várias formas nos achados como cultura organizacional, cultura corporativa, cultura de gerenciamento de riscos e cultura colaborativa, comportamento organizacional, confiança, fatores de suporte de aprendizado, de desenvolvimento e comprometimento, apresentando-se como um fator-chave na criação da resiliência.

1 Nunca	2 Raramente	3 Ocasionalmente	4 Frequentemente	5 Sempre
1 Não importante	2 Às vezes importante	3 Moderado	4 Importante	5 Muito importante

Medição de desempenho: a medição do desempenho pode ser realizada por meio de inúmeros indicadores, podendo o desempenho ser financeiro, desempenho nos negócios, desempenho na cadeia de suprimentos, desempenho de sustentabilidade, desempenho de resiliência de risco, desempenho de operações, desempenho sustentável, desempenho de inovação, medição de barreiras de resiliência, avaliação de andamento de projetos.

1 Nunca	2 Raramente	3 Ocasionalmente	4 Frequentemente	5 Sempre
1 Não importante	2 Às vezes importante	3 Moderado	4 Importante	5 Muito importante

Capacidades e Recursos: as capacidades e recursos de uma organização são importantes fundamentos para o desenvolvimento da resiliência. Essas capacidades aparecem na literatura como segurança e força financeira, capital social, capacidade de investimento, treinamentos dos colaboradores, capacidade de absorção, capacidade dinâmica, capacidade tecnológica, capacidades logísticas, comunicação, conhecimento, coordenação, custos, capacidade de desenvolvimento de produtos, serviços, resiliência, desenvolvimento verde, capacidade de eficiência corporativa, capacidade de inovação, capacidade de integração, capacidade de antecipação, capacidade de preparação, capacidade de robustez, capacidades de adaptação às mudanças climáticas, capacidade de resposta rápida de emergência, capital humano, capacidade de decisão, seleção de fornecedores, capacidade tecnológica, desenvolvimento de fornecedores, capacidade para aprender, mão de obra qualificada e competente, compartilhamento de recursos para recuperação.

1 Nunca	2 Raramente	3 Ocasionalmente	4 Frequentemente	5 Sempre

1 Não importante	2 Às vezes importante	3 Moderado	4 Importante	5 Muito importante

Gestão: o campo de gestão é vasto, mas algumas ações são apresentadas como importantes na construção da resiliência. São elas gestão de parcerias, fornecedores, gestão da cadeia de suprimentos, gestão de riscos na cadeia de suprimentos, gestão da resiliência, gestão de operações humanitárias, gestão de estratégias, gestão de desastres, apoio da alta gerência, definição de liderança e direção, qualidade, marketing, ambidestra, comprometimento, confiança, gerenciamento de interrupção, gerenciamento de operações, gestão da informação, gestão de nível de serviço, autoliderança, gestão por competências, gestão de inventários, gestão ambiental, gestão de desempenho, gestão de reputação, gestão de sustentabilidade, gestão de governança, resiliência da equipe, gestão de fornecedores, gestão enxuta, gestão ágil, construção de equipe e liderança, gerenciamento de receita, equipes multifuncionais, gestão Lean, compromisso da alta administração.

1 Nunca	2 Raramente	3 Ocasionalmente	4 Frequentemente	5 Sempre

1 Não importante	2 Às vezes importante	3 Moderado	4 Importante	5 Muito importante

Estratégia: as empresas apresentam inúmeras estratégias na criação da resiliência. Algumas delas são de fabricação e desenvolvimento de novos produtos, estratégias de enfrentamento, estratégicas concorrentes, estratégias de gerenciamento de mudanças, estratégias orientadas a dados, estratégias de desenho da cadeia de suprimentos, reengenharia da cadeia de suprimentos, reconfigurabilidade de sistemas, redundância de estoques, infraestrutura, localização, seguro, estratégia de tecnologia da informação, decisões e contratos de fornecimento, tratamento de *trade-offs*, orientação da cadeia de suprimentos, certificações, internacionalização.

1 Nunca	2 Raramente	3 Ocasionalmente	4 Frequentemente	5 Sempre
1 Não importante	2 Às vezes importante	3 Moderado	4 Importante	5 Muito importante

Ambiente: fazem parte desse constructo posição de mercado, sustentabilidade, política energética, inovação sustentável, políticas de gestão do meio ambiente, política de bioenergia, política, políticas de propensão ao risco, resiliência a desastres, resiliência à inovação, resiliência da cadeia, resiliência da comunidade, resiliência social, resiliência socioecológica, sensibilidade do mercado, apoio governamental e formulação de políticas, colaboração público-privada.

Frequência	1 Nunca	2 Raramente	3 Ocasionalmente	4 Frequentemente	5 Sempre
Importância	1 Não importante	2 Às vezes importante	3 Moderado	4 Importante	5 Muito importante

Processos: otimização, integração, manufatura ágil, manufatura aditiva, manufatura baseada em nuvem, processos Lean.

1 Nunca	2 Raramente	3 Ocasionalmente	4 Frequentemente	5 Sempre
1 Não importante	2 Às vezes importante	3 Moderado	4 Importante	5 Muito importante

Tecnologia e Ferramentas: o uso de tecnologia e ferramentas tem sido fundamental na criação da resiliência e destaca as ferramentas de *big data, blockchain*, ciência de dados, inteligência artificial, indústria 4.0, internet, manufatura aditiva, modelagem, ciclo adaptativo, tecnologia da informação, e-business, veículos elétricos, sistemas de suporte à decisão.

1 Nunca	2 Raramente	3 Ocasionalmente	4 Frequentemente	5 Sempre
1 Não importante	2 Às vezes importante	3 Moderado	4 Importante	5 Muito importante

APÊNDICE B

QUESTIONÁRIO PARA ENTREVISTA SOBRE RESILIÊNCIA

Solicitamos a sua preciosa colaboração no sentido de responder atenciosamente a todas as perguntas. Salientamos que todas as informações fornecidas serão consideradas estritamente confidenciais e que sua identidade não será divulgada.

1. Descreva as ações/práticas que a empresa realizava *antes* do evento covid-19 (evento pode ser considerado desastres naturais, como tsunamis, incêndios, inundações, neve, chuva, furacões, terremotos, ou intervenções humanas, como guerras, ataques terroristas, bloqueios marítimos, descontinuidade de fornecedores, greves, falhas de equipamentos, acidentes industriais, grande oscilação de oferta ou demanda, e crises geopolíticas, pandemia).

2. Descreva as ações/práticas que a empresa tem realizado *durante* o evento covid-19 (evento pode ser considerado desastres naturais, como tsunamis, incêndios, inundações, neve, chuva, furacões, terremotos, ou intervenções humanas, como guerras, ataques terroristas, bloqueios marítimos, descontinuidade de fornecedores, greves, falhas de equipamentos, acidentes industriais, grande oscilação de oferta ou demanda, e crises geopolíticas, pandemia).

3. Descreva as ações/práticas que a empresa planeja realizar no *pós*-evento da covid-19 (evento pode ser considerado desastres naturais, como tsunamis, incêndios, inundações, neve, chuva, furacões, terremotos, ou intervenções humanas, como guerras, ataques terroristas, bloqueios

marítimos, descontinuidade de fornecedores, greves, falhas de equipamentos, acidentes industriais, grande oscilação de oferta ou demanda, e crises geopolíticas, pandemia).

4. Descreva quais foram ou estão sendo as ações/práticas que a empresa tem adotado para ser mais resiliente. Cite o evento de maior relevância.

5. Descreva quais foram as ações ou práticas adotadas nos últimos anos que contribuíram para a resiliência da empresa. Cite o evento de maior relevância.

APÊNDICE C

QUESTIONÁRIO DE DIMENSÕES DA MATURIDADE

Questionário de Dimensões da maturidade	1. Inicial	2. Pré-Intermediário	3. Intermediário	4. Pré-avançado	5. Avançado
Para cada dimensão de maturidade listada, escolher apenas um estágio como alternativa e de acordo com a realidade da organização.					
Custos: está relacionada ao nível de custos e estoques da cadeia de suprimentos.					
Clientes: relaciona-se ao foco dado aos clientes dentro da gestão da cadeia como também ao nível de satisfação dos clientes.					
Processos: refere-se a formalização, integração, estruturação dos processos dentro da cadeia.					
Tecnologia e ferramentas: relaciona-se à existência de sistemas de informação e ferramentas para apoio à gestão da cadeia, como ferramentas estatísticas para previsão de demanda e sistemas de informações para gestão da cadeia, entre outros.					

Questionário de Dimensões da maturidade	1. Inicial	2. Pré-Intermediário	3. Intermediário	4. Pré-avançado	5. Avançado
Para cada dimensão de maturidade listada, escolher apenas um estágio como alternativa e de acordo com a realidade da organização.					
Colaboração: refere-se ao compartilhamento de informações, ganhos e de recursos entre os membros da cadeia, comunicação e a outras iniciativas de atuação conjunta dentro da cadeia, como o desenvolvimento de produtos e planejamento.					
Gestão: liga-se ao nível de excelência na gestão de projetos dentro da cadeia de suprimentos, gestão de riscos e também ao nível de consciência e capacitação de gestão de cadeia de suprimentos pela equipe de gestão.					
Medição de desempenho: relaciona-se à extensão da medição do desempenho da gestão da cadeia de suprimentos (indicadores, KPI).					
Foco estratégico: refere-se à intenção estratégica que é dada à gestão da cadeia de suprimentos por parte da empresa-foco da cadeia e por parte de seus membros (empresa-foco).					

Questionário de Dimensões da maturidade	1. Inicial	2. Pré-Intermediário	3. Intermediário	4. Pré-avançado	5. Avançado
Para cada dimensão de maturidade listada, escolher apenas um estágio como alternativa e de acordo com a realidade da organização.					
Responsividade: está relacionada à velocidade com a qual a cadeia de suprimentos responde às mudanças do ambiente, exigindo um atendimento em termos de volume e mix dos produtos fornecidos por ela.					
Recursos: relaciona-se aos tipos de recursos empregados na cadeia de suprimentos, sendo eles comuns (necessários para execução dos processos dentro da cadeia) e competitivos (geram vantagem competitiva; sendo de difícil empregabilidade pelas cadeias concorrentes devido aos seus diferenciais).					
Ambiente: refere-se às questões de regulamentação e incentivos de créditos que favoreçam o melhor desempenho da cadeia de suprimentos.					

Definição: "Modelo em etapas para a evolução de um estado inicial para um avançado, que forma um caminho para boas práticas em cadeias de suprimentos. Suprimentos em um ciclo de melhoria contínua de autoavaliação e adaptação".

APÊNDICE D

PERGUNTAS DA ENTREVISTA DE MATURIDADE

Solicitamos a sua preciosa colaboração no sentido de responder atenciosamente a todas as perguntas. Salientamos que todas as informações fornecidas serão consideradas estritamente confidenciais e que sua identidade não será divulgada.

1. Descreva as ações/práticas que a empresa realizava *antes* do evento covid-19 (evento pode ser considerado desastres naturais, como tsunamis, incêndios, inundações, neve, chuva, furacões, terremotos, ou intervenções humanas, como guerras, ataques terroristas, bloqueios marítimos, descontinuidade de fornecedores, greves, falhas de equipamentos, acidentes industriais, grande oscilação de oferta ou demanda, e crises geopolíticas, pandemia).

2. Descreva as ações/práticas que a empresa tem realizado *durante* o evento covid-19 (evento pode ser considerado desastres naturais, como tsunamis, incêndios, inundações, neve, chuva, furacões, terremotos, ou intervenções humanas, como guerras, ataques terroristas, bloqueios marítimos, descontinuidade de fornecedores, greves, falhas de equipamentos, acidentes industriais, grande oscilação de oferta ou demanda, e crises geopolíticas, pandemia).

3. Descreva as ações/práticas que a empresa planeja realizar no *pós*-evento da covid-19 (evento pode ser considerado desastres naturais, como tsunamis, incêndios, inundações, neve, chuva, furacões, terremotos, ou intervenções humanas, como guerras, ataques terroristas, bloqueios

marítimos, descontinuidade de fornecedores, greves, falhas de equipamentos, acidentes industriais, grande oscilação de oferta ou demanda, e crises geopolíticas, pandemia).

4. Descreva quais foram ou estão sendo as ações/práticas que a empresa tem adotado para ser mais madura em cadeia de suprimentos. Cite o evento de maior relevância.

Descreva quais foram as ações ou práticas adotadas nos últimos anos que contribuíram para o nível de maturidade da empresa. Cite o evento de maior relevância.

APÊNDICE E

QUESTIONÁRIO DO MODELO DE MATURIDADE E RESILIÊNCIA

Dimensão	1. Inicial	2. Pré-Intermediário	3. Estágio Intermediário	4. Pré-avançado	5. Estágio Avançado
Para cada dimensão de maturidade listada, escolher apenas um estágio como alternativa e de acordo com a realidade da organização.					

Dimensão	Características	1	2	3	4	5
Agilidade e responsividade	Fazem parte da agilidade as habilidades de adaptação, antecipação, recuperação, restauração, absorção, dispersão, adiamento, responsividade. Está associada à velocidade com a qual a cadeia de suprimentos responde às mudanças do ambiente, exigindo um atendimento em termos de volume e mix dos produtos fornecidos por ela.					
Ambientes	Refere-se às questões de regulamentação e incentivos de crédito que favorecem o melhor desempenho da cadeia de suprimentos e a sustentabilidade da cadeia de suprimentos.					

Dimensão	Características	1	2	3	4	5
Capacidades e Recursos	Está associada aos tipos de recursos empregados na cadeia de suprimentos, sendo eles comuns (necessários para execução dos processos dentro da cadeia) e competitivos (geram vantagem competitiva e são difíceis de ser empregados pelas cadeias concorrentes devido aos seus diferenciais), suporte da alta gerência, foco, liderança, segurança e força financeira, capital social, capacidade de investimento, treinamentos dos colaboradores, capacidade de absorção, capacidade dinâmica, capacidade tecnológica, capacidades logísticas, comunicação, conhecimento, coordenação, custos, capacidade de desenvolvimento de produtos, serviços, resiliência, desenvolvimento verde, capacidade de eficiência corporativa, capacidade de inovação, capacidade de integração, capacidade de antecipação, capacidade de preparação, capacidade de robustez, capacidades de adaptação às mudanças climáticas, capacidade de resposta rápida de emergência, capital humano, capacidade de decisão, seleção de fornecedores, capacidade tecnológica, desenvolvimento de fornecedores, capacidade para aprender, mão de obra qualificada e competente, compartilhamento de recursos para recuperação.					
Clientes	Está associada ao foco dado aos clientes dentro da gestão da cadeia como também ao nível de satisfação dos clientes.					

Dimensão	Características	1	2	3	4	5
Colaboração	Refere-se ao compartilhamento de informações, ganhos e recursos entre os membros da cadeia, a comunicação e a outras iniciativas de atuação conjunta dentro da cadeia, como o desenvolvimento de produtos e planejamento; relações benéficas mútuas e colaboração descrita de várias formas; destacamos essa habilidade como o compartilhamento de recursos, compartilhamento de conhecimento, estratégias e informações sobre riscos, integração entre empresas, governos, sociedade e organizações do terceiro setor, chamadas de ONGs, qualidade de relacionamento, previsão colaborativa, compartilhamento de riscos e receita, compartilhamento de informações, capacidade tecnológica entre parceiros, colaboração e coordenação entre as partes interessadas.					
Custo	Está associada ao nível de custos e estoques da cadeia de suprimentos, política de estoque, giro de estoque.					
Cultura de inovação e conhecimento	Aparece como cultura organizacional, cultura corporativa, cultura de gerenciamento de riscos e cultura colaborativa, comportamento organizacional, confiança, fatores de suporte de aprendizado e o desenvolvimento e comprometimento, apresentando-se como um fator-chave na criação da resiliência.					

Dimensão	Características	1	2	3	4	5
Foco estratégico	Refere-se à intenção estratégica que é dada à gestão da cadeia de suprimentos por parte da empresa-foco da cadeia e por parte de seus membros. As empresas apresentam inúmeras estratégias na criação da resiliência; algumas delas são de fabricação e desenvolvimento de novos produtos, estratégias de enfrentamento, estratégias concorrentes, estratégias de gerenciamento de mudanças, estratégias orientadas a dados, estratégias de desenho da cadeia de suprimentos, reengenharia da cadeia de suprimentos, reconfigurabilidade de sistemas, redundâncias de estoques, infraestrutura, localização, seguro, estratégia de tecnologia da informação, decisões e contratos de fornecimento, tratamento de *trade-offs*, orientação da cadeia de suprimentos, certificações, internacionalização.					
Flexibilidade	Flexibilidade de processo, flexibilidade de resposta, flexibilidade e gestão baseada no tempo, flexibilidade estratégica.					
Gestão	Está associada ao nível de excelência na gestão de projetos dentro da cadeia de suprimentos, gestão de riscos e também ao nível de consciência e capacitação de gestão de cadeia de suprimentos pela equipe de gestão, gestão de suprimentos e operações compras, manufatura, armazenagem, distribuição, atendimento ao cliente, gerenciamento do ciclo de vida do produto (PLM), *agile*, definição de metas, gestão de ativos.					

Dimensão	Características	1	2	3	4	5
Medição de indicadores e desempenho	Está associada à extensão da medição do desempenho da gestão da cadeia de suprimentos.					
Processos	Otimização, integração, manufatura ágil, manufatura aditiva, manufatura baseada em nuvem, processos Lean.					
Tecnologia e ferramentas	Está associada à existência de sistemas de informação e ferramentas para apoio à gestão da cadeia, como ferramentas estatísticas para previsão de demanda e sistemas de informações para gestão da cadeia, entre outros, como S&OP, CPFR, VMI, informação. Ferramentas para decisões baseadas em evidências.					
Visibilidade	A visibilidade da cadeia de suprimentos é composta de um conjunto de ações, destacando-se análise preditiva, visibilidade de mercado, visibilidade do fornecedor, visibilidade tecnológica, construção de cenários.					

APÊNDICE F

PERGUNTAS DA ENTREVISTA DE MATURIDADE E RESILIÊNCIA

Solicitamos a sua preciosa colaboração no sentido de responder atenciosamente a todas as perguntas. Salientamos que todas as informações fornecidas serão consideradas estritamente confidenciais e que sua identidade não será divulgada.

1. Como a empresa compreende o nível de maturidade da cadeia de suprimentos versus o nível de maturidade de resiliência?

2. Como que as dimensões (Agilidade) foram impactadas durante a pandemia? Cite o evento de maior relevância.

3. Quais foram as dimensões a que a empresa deu mais foco para estar preparada para eventos como da pandemia da covid-19? Cite o evento de maior relevância.

4. Quais foram as dimensões que a empresa não focou e por quê? Cite o evento da covid-19.

5. Como foi o impacto da covid-19 na cadeia de suprimentos? Cite o evento de maior relevância.